원자력,
무엇이 문제일까?

원자력, 무엇이 문제일까?

1판 3쇄 발행 2024년 1월 31일

글쓴이   김명자

편집   이순아
디자인   이유리

펴낸이   이경민
펴낸곳   ㈜동아엠앤비
출판등록   2014년 3월 28일(제25100-2014-000025호)
주소   (03972) 서울특별시 마포구 월드컵북로22길 21, 2층
홈페이지   www.dongamnb.com
전화   (편집) 02-392-6901   (마케팅) 02-392-6900
팩스   02-392-6902
SNS   🅵 🅾 🅱🅻🅾🅶
전자우편   damnb0401@naver.com

ISBN   979-11-6363-636-6 (44300)
             979-11-87336-40-2 (세트)

※ 책 가격은 뒤표지에 있습니다.
※ 잘못된 책은 구입한 곳에서 바꿔 드립니다.
※ 이 책에 실린 사진은 게티이미지, 셔터스톡, 위키피디아에서 제공받았습니다. 그 밖의 제공처는 별도 표기했습니다.
※ 본문에서 책 제목은 《 》, 논문, 보고서는 〈 〉로 구분하였습니다.

원자력, 무엇이
문제일까?

김명자 지음

동아엠앤비

들어가는 말

이 책을 쓰려니 2011년 5월 《원자력 딜레마》를 썼던 기억이 새롭다. 2011년 3월 12일, 빛도 냄새도 없이 후쿠시마를 정벌하고 바다 건너로 퍼져 나가는 방사능에 대한 불안과 공포는 '실존적 위협the existential threat'이 실체임을 느끼게 했다. 과학자로서 이 재난 사태의 본질을 살피는 것이 중요하다고 생각해 두 달 만에 속성으로 탈고를 했다. 이후 2013년 5월에는 《원자력 트릴레마》를 쓰고, 2014년 5월에는 《사용후핵연료 딜레마》를 썼다.

원래 필자의 원자력에 관한 관심은 핵무기 개발에 대한 질문에서 출발했다. '어째서 과학자들은 이 세상에 태어나서는 안 될 핵무기를 만들었을까?' 제2차 세계대전 중 나치를 피해 유럽으로부터 망명한 저명 과학자들과 미국이 배출한 노벨상 수상자들이 인류문명 자체를 위협하는 거대 프로젝트를 성사시킨 배경은 무엇이었을까 궁금했다. 그래서 1992년 《현대사회와 과학》에서는 원자탄 개발의 에피소드를 다루었다. 나는 예나 지금이나 핵무기는 개발하지 말았어야 했고, 지구상에서 핵무기는 없애야 한다고 믿는 사람이다. 이른바 '공포의 균형The Balance of Terror'은 20세기가 빚은 시행착오로 끝나야 한다고 생각한다.

원자력 분야와 나의 인연은 1990년대로 거슬러 오른다. 1994년 〈원자력의 문화사적 이해〉, 〈원자력의 사회적 이해〉라는 석사학위 논문을 지도했다. 1995년 1월에는 인천 시청에서 열린 '굴업도 방폐장 선정 계획' 공청회에 토론자로 갔다가 회의 시작도 전에 난데없이 날아든 밀가루와 달걀 세례를 받았다. 1999년 6월에는 김대중 대통령 정부의 환경부 장관으로 임명되어 4년 동안 유관 부처의 장으로서 원자력 정책을 바라보았다. 이후 2004년부터 4년 동안은 국회의원으로 국방 위원회에서 북핵 문제와 한반도 비핵화 등 외교 안보 차원에서 원자력을 다루었다.

원자력에 관한 책을 여러 권 쓰다 보니, 입장이 무엇이냐는 질문도 받는다. 4년간 환경부 장관을 지냈으니 환경단체와 비슷한 목소리를 내는 것이 제격일 수도 있다. 그러나 과학자로서 행정과 입법 부문에서 일하고 수십 년 동안 정책연구를 한 처지에서는 흑백논리로 단순하게 생각할 수가 없다. '원자력을 하자'라고 말하려면 원자력의 부정적 측면이 딱 걸리고, '원자력을 하지 말아야 한다'라고 말하려면 한국의 에너지 안보 상황이 딱 걸린다. 대체 에너지원이 충분하고 국가 에너지 효율이 높고 에너지 안보의 필요성이 절실하지 않다면야, 번번이 찬반으로 갈려 사회적 쟁점으로 불거지는 원자력을 굳이 택해야 할 이유가 없다.

2022년 7월, 유럽연합EU 의회는 원자력과 천연가스를 친환경 투자 기준인 녹색분류체계Green Taxonomy에 포함했다. 2월에 EU 집행 위원회가 의결한 안건을 의회가 표결에 부친 결과는 찬성 328명, 반대 278명, 기권 33명이었다. 이 결정에서 EU는 '2050년까지 고준위 방사성 폐기물 처분시설 세부계획 수립'과 '2025년부터 사고 저항성 핵연료 사용' 등을 조건으로 내걸었다.

원자력은 고도의 기술공학 분야이면서 동시에 사회적 수용성이 생명인 분야이다. 따라서 여러 분야의 융합적 시각과 이해에 기초할 때 비로소 전체 그림을 볼 수 있다. 원자력 정책 추진에서 최고의 덕목은 신뢰이다. 믿음이 없으면 원자력의 사회적 수용성은 물 건너간다. 고도의 전문성과 국민의 신뢰라는 두 가지 특성을 어떻게 아우를 수 있을지가 원자력 거버넌스의 요체이다.

한국 정부의 정책은 반원전에서 친원전으로 전환되는 중차대한 시점에 서 있다. 정책은 어디까지나 '현실'을 직시하고 객관적 '사실'에 바탕을 두어야 한다. 그런 뜻에서 이 책은 시기에 따라 국가별 원자력 정책이 어떻게 변화되었는지 사실관계를 중심으로 살피고자 했다. 사회적 수용성과 직결되는 원자력의 이미지에 대해서도 역사적 맥락에서 경제와 안보 이외에 사회문화적 측면을 다루었다. 그리고 시행착오를 최소화해야 한다는 뜻에서 원자력 기술 진화의 동향과 전망을 다루었다.

이런 의도가 독자들에게 잘 전달되면서도 흥미롭게 읽힐 수 있는 책을 쓰고 싶었다. 그런 소망은 있었지만 시간 여유가 없다는 핑계로 뜻대로 되지는 않았다. 어쨌거나 이 한 권의 얇은 책이 원자력 논쟁의 본질을 이해하고 균형 잡힌 판단을 하는 데 조금이라도 보탬이 될 수 있다면 큰 보람이 될 것이다.

이 책을 내는데 원고를 읽어준 UNIST 김효민 교수와 그림 검색을 함께 해준 제자 최경희 박사, 오지영 박사, 그리고 정하은 연구원에게 고마움을 전하면서, 출판을 담당한 동아엠앤비 편집진에 감사드린다.

김명자

차례

1

왜 다시 원자력인가

최근 국내외적으로 원자력 논의가 활발하다. 그 이유는 첫째, 기후변화가 기후위기로 심화되고 있어 선진국으로부터 에너지 부문의 탄소중립이 규제로 가시화되었기 때문이다. 둘째, 2022년 2월 러시아의 우크라이나 침공 이후 러시아가 독일을 비롯한 유럽에 천연가스 공급을 끊겠다고 위협하자 탈원전 선도국인 독일에서까지 원전 회귀가 논의되는 상황이기 때문이다. 셋째, 국내 정세로는 2022년 윤석열 정부 출범과 함께 탈원전 정책이 친원전 정책으로 전환되고 있기 때문이다.

기후위기와 탄소중립

기후변화가 유발하는 복합위기 가운데 2020년 코로나 팬데믹의 보건안보 위기를 겪으며 지구촌 생존전략으로 그린뉴딜, 탄소중립, ESG(환경·사회·지배구조)가 급부상했다. 2006년 《옥스퍼드 사전》은 탄소중립Carbon Neutral을 '2006년의 단어'로 선정했다. 넷제로 Net Zero라고도 하는 탄소중립은 모든 경제 주체가 '온실가스를 배출한 만큼 제거해서 실질 배출량을 0으로 만든다'는 뜻이다.

우리나라는 2020년 7월 그린뉴딜 계획을 발표한 데 이어 12월에 '2050년 대한민국 탄소중립 비전'을 선언했다. 2022년 1월 기준으로 탄소중립 선언에 동참한 국가는 136개국이었다. 그중 한국, 일본, EU, 영국, 캐나다 등 14개국은 탄소중립 추진을 법제화하고, 2030년 온실가스 감축안을 발표했다. 입법 절차를 밟고 있는 나라는 미국, 중국 등 41개국으로, 새롭게 탄소감축 분야에 국제해운과 국제항공이 포함되기 시작했다.

넷제로 실현에서 에너지 부문은 가장 중요하다. 세계 온실가스 배출량의 2/3 이상이 에너지 사용에서 나오기 때문이다. 우리나라는 온실가스 배출량의 87%가 에너지 소비과정에서 나온다. 발전, 산업, 수송, 건물이 모두 감축 대상인데, 특히 온실가스 배출량의 36%를 차지하는 발전 부문 감축이 열쇠이다. 한국은 1980년대 산업화 과정에서 정부 주도로 중화학공업을 기간산업으로 키웠고, 그 과정에서 정유산업과 석유화학산업이 국제 경쟁력을 갖추었다. 즉 탄소 기반의 산업구조와 인프라를 전환하는 것은 어려운 일이므로 정부의 인센티브 정책이 중요하다.

국가별 온실가스 배출량 데이터를 보면, 삶의 질 수준이 비슷하면서도 이산화탄소 배출이 상대적으로 적은 국가는 몇 가지 특

지구 평균 기온 상승을 산업화 이전 대비 1.5℃ 이내로 억제해야 하며 이를 위해서 2050년까지 탄소중립을 달성해야 한다.

성을 보인다. 첫째, 원자력과 재생 에너지의 비중이 높다. 둘째, 단위 GDP당 에너지 소비량(에너지 강도)이 적다. 즉 국가 에너지 효율이 높다. 셋째, 국가 에너지 생산 단위당 이산화탄소 배출량이 적다. 이런 특성을 갖출 수 있는 에너지 정책을 써야 한다는 뜻이다.

2020년 코로나 팬데믹 사태로 디지털화가 급진전을 이루었다. 기계장치의 급속한 디지털화로 사람보다 기계가 에너지를 더 많이 쓰는 세상이 되고 있다. 전기차 보급도 전기 수요를 계속 늘릴 것이다. 2030년 세계 전기차의 비중은 7~12%로 예상된다IEA 2021. 센서 기술의 혁신으로 급증하는 전기 수요를 해결하기는 어렵다. 전력시장은 스마트 그리드 등 ICT 기반의 수요관리 시장을 활성화하고, 에너지 저장 시스템ESS과 에너지 관리 시스템EMS 혁신으로 거듭나야 한다.

기후변화에서 기후위기로

1990년대 후반부터 지구온난화가 음모론이라는 주장이 뜬금없이 제기되는 가운데 기후변화라는 용어는 '기후위기'로 바뀌고 있었다. 기후위기는 1980년대 앨 고어Al Gore가 처음 쓰기 시작한 이후 2010년대 그린뉴딜 정책이 부상하면서 영국의 언론 가디언 등이 채택한 용어이다. 환경운동가들은 언론매체가 기후위기에 대응해야 한다는 시위를 벌였다. 2019년 가디언은 기후 비상사태, 기후위기, 기후붕괴란 용어를 쓰면서 지구온난화global warming를 지구 열화global heating로 바꾸겠다고 발표했다. 옥스퍼드 사전에는 '2019년의 어휘'로 기후 비상사태climate emergency가 등재되었다.

20세기 지구의 연평균 기온은 섭씨 14℃였다. 20세기 100년 동안 지구 평균 기온은 0.74℃ 상승했다. 2020년 팬데믹 사태로 봉쇄조치를 단행하자 탄소 배출은 줄었고, 라니냐(적도 동태평양에서의 저수온 현상)로 인한 기온하강도 있었다. 그럼에도 2020년 평균 기온은 오히려 높아졌다. 그리하여 지구의 기온 측정이 시작된 1880년 이후의 최고치인 2016년과 같아졌다. 2019년도 역사상 평균 기온이

기후위기 대응을 촉구하는 시위가 세계 곳곳에서 열리고 있다.

가장 높은 3년에 포함되었다. 그 결과 2011~2020년이 지구의 가장 더운 10년으로 기록되었다.

기후위기를 데이터로 좀 더 살펴보면, 2020년 지구 평균 기온은 섭씨 14.9℃로 산업화 이전(1850~1900년)보다 1.25℃ 높다(세계기상기구 WMO). 이 수치는 2018년 인천 송도에서 채택된 기후변화정부간협의체IPCC의 〈지구온난화 1.5℃〉 특별보고서가 제시한 '2100년까지 산업화 이전 대비 1.5℃ 이하'라는 억제 기준에 근접하고 있다. 다양한 기후예측 모델로 얻은 21세기 평균 기온 상승의 추정치는 최저 1℃에서 최고 6℃이다.

그렇다면 이 정도의 기온 상승이 어느 정도의 악영향을 주는 것일까. 예를 들면 2만 년 전 마지막 빙하기 때 지구 평균 기온은

7.8℃로 현재보다 7℃ 정도 낮았다. 6,500만 년 전 지구온난화로 공룡이 멸종했을 무렵 기온은 현재보다 4℃ 정도 높았다. 즉 불과 몇 도 차이로 지구가 빙하기와 멸종기를 겪었다는 뜻이다. 금성의 대기 기온은 섭씨 460℃이다. 온난화가 극에 달했기 때문이다. 그런데 한때는 금성도 지구처럼 온화한 기후를 가진 행성이었다.

지구온난화를 일으키는 주된 온실가스는 이산화탄소 이외에 메탄, 아산화질소, 과불화탄소, 수소불화탄소, 육불화황의 여섯 가지가 꼽힌다(2021년 IPCC). 이들 온실가스 농도도 지구 평균 기온과 나란히 2019년에 최고치를 기록했다. 그중 2020년 대기의 이산화탄소 농도는 413ppm(백만분의 1)으로 지난 360만 년 중 최고치였다. 온난화를 일으키는 복사 강제력, 즉 지구로 들어오는 복사 에너지와 밖으로 방출되는 복사 에너지의 차이는 1990년 이후 45% 증가했다. 온실효과 탓에 대기권을 빠져나가지 못한 열이 45% 늘어난 것이다.

역사적으로 이산화탄소가 일으킨 온실효과는 66%로 추산된다. 그런데 1850~2018년 사이에 지구촌이 배출한 누적 이산화탄소 중 68%는 화석연료 때문이었다. 나머지 32%의 이산화탄소는 개간과 벌목 등 토지이용에서 나왔다. 녹화사업이 온난화 방지에 중요한 이유이다. 그동안 배출된 이산화탄소의 30%는 지표면, 25%는 해양에 흡수되고, 40% 정도가 대기 중에 남아 온실효과를 나타냈다. 배출된 이산화탄소는 5~200년 동안 머물며 누적 효과를 나타내는 것으로 알려졌다.

기후변화의 원인

　기후변화는 인간사회의 활동뿐 아니라 자연적 요인에 의해서도 일어난다. 태양 흑점 활동의 변화로 인한 에너지 변화, 우주선宇宙線, 화산 폭발의 화산재와 가스, 엘니뇨 등이 그것이다. 그러나 18세기 후반에 시작된 1차 산업혁명 이후의 지구 평균 기온 상승 그래프는 자연적 요인만으로는 설명되지 않는다. 인간 활동에 의한 온실가스 배출 요인을 함께 고려해야 맞아떨어진다. IPCC는 2014년 인간 활동이 기후변화의 주된 원인일 확률이 95% 이상으로 '지극히 높다'고 결론지었다.

　IPCC 보고서는 80여 개국 830여 명의 전문가와 3천여 명의 과학자가 3만여 편의 논문을 평가하고 31개 기관의 59개 기후모델을 돌려 작성한 것이다. 문장마다 195개 회원국의 만장일치로 채택되므로 기후변화의 교과서 격이다. 현재 IPCC 의장은 2015년에 선출된 한국의 이회성 박사이다. 2021년 8월에 나온 실무 보고서는 기온 상승이 당초 예상보다 10년 빨라져 2040년까지 1.5℃를 넘어설 것이라고 예측했다.

지구 기온이 지금보다 1℃만 상승해도 여름철에 북극 얼음이 완전히 사라질 확률이
28%나 된다는 연구결과가 나왔다.

　　기후위기가 심화되는 가운데, 기후과학자들은 지난 10년간 기
후변화의 티핑 포인트* tipping point가 다가오고 있다고 경고하고 있다.
북극의 온난화는 지구 전체의 평균치보다 두 배 이상 빠르다. 기후
위기의 티핑 포인트는 그린란드의 빙하glacier 상실, 북극 해빙sea ice의
감소, 동토층의 해동解凍, 북방 수림대의 화재, 대서양 해류순환의
느려짐, 아마존 우림의 잦은 가뭄, 산호초의 대규모 폐사, 남극 서
부의 빙상 감소, 남극 동부의 윌키스 분지 소실 가속화 등이 특히
주목을 받고 있다. 이들 티핑 포인트는 서로 연결돼 있어 도미노
현상도 우려된다.

---

* 티핑 포인트: 작은 변화들이 어느 정도 기간을 두고 쌓여 이제 작은 변화가 하나만 더 일어나도
갑자기 큰 영향을 초래할 수 있는 상태가 된 단계.

기후위기의 충격

자연에 미치는 인간 활동의 영향이 날로 커지고 있는 상황에 주목해서, 지질연대 구분에서도 홀로세Holocene Epoch 대신 인류세人類 世, Anthropocene라는 용어가 등장했다. 인류세를 처음 제안한 과학자 는 네덜란드의 파울 크뤼천Paul J. Crutzen으로 2000년 세계지질학회 에서였다. 그는 1차 산업혁명 이후 석탄과 2차 산업혁명 이후 석유

독일 포츠담에 모인 역대 노벨상 수상자들의 단체 사진으로
윗줄 오른쪽 끝에서 두 번째 서 있는 사람이 파울 크뤼천이다.

사용량이 급증한 결과 화석연료로 인해 대기의 조성이 바뀐 것에 주목했다. 특히 1945년 원자탄 개발 이후 인류문명이 직면하게 된 파멸의 위협과 기후변화와 환경오염으로 지구 생태계 훼손이 가속화되고 있는 현재의 지질연대를 인류세라고 명명한 것이다.

지구온난화는 평균 기온의 점진적 상승이 아니라 가뭄, 홍수, 폭염, 한파, 산불, 사이클론 등 극한 기상현상을 일으킨다. 온난화로 인해 해수면 상승과 빙하의 해빙이 일어난다. 최근 20년간 북극의 빙하는 40%가 줄어들었다. 북극뿐 아니라 스위스, 아프리카 등 세계 곳곳에서 빙하가 빠른 속도로 녹고 있다. 남극 지방의 빙하도 마찬가지이다. 그 탓에 2100년경 해수면은 50cm 높아질 것으로 예상된다. 남극의 빙하가 모조리 녹으면 해수면이 50~60m 상승할 것으로 추정된다. 기후변화로 세계지도가 달라진다는 뜻이다.

기후위기의 영향이 얼마나 심각한지는 일일이 열거하기가 어렵다. IPCC는 2014년 보고서에서 '21세기 말 지구는 과거 1만 년 동안 겪었던 것보다 더 심한 기후변화를 겪을 것이며, 생물 종 멸종, 흉작과 기근, 질병, 사회경제적 갈등의 전면적 위기에 직면할 것'이라고 경고했다. 산업화와 도시화로 해마다 화산 폭발보다 100배 더 많은 이산화탄소가 방출되고 있고, 이를 흡수할 수 있는 지구의 온도조절 메커니즘은 계속 훼손되고 있기 때문이다. 기후위기 시대 에너지, 수자원, 식량은 이미 '전략적 자원'이 되었고, 그 자원 확보를 위한 국가 간 갈등은 갈수록 심해지고 있다.

최근 국제결제은행BIS은 '그린 스완'을 경고했다. 기후위기가 엄

청난 금융위기를 유발할 수 있다는 뜻의 용어이다. 기후변화로 인한 자연재해로 농산물과 식료품, 에너지 가격이 급등하고, 가뭄, 홍수, 태풍으로 기간시설 파괴, 원자재 가격 급등, 공급사슬 붕괴와 통상 붕괴가 일어날 것이며, 그 경제적 충격으로 금융과 보험에 큰 위협이 될 것이라는 경고이다.

미국은 허리케인과 산불, 유럽은 폭염과 홍수 등 일련의 극단적인 기상현상을 겪으며 기후 리스크를 금융 분야의 주요 항목으로 포함시켰다. 구체적으로 미국의 연방준비제도FED는 경제 전망에 기후 리스크를 반영했다. 평균 기온이 현 추세로 상승한다면 22세기 미국의 경제성장은 3분의 1이 축소될 것이라는 예측이 나오고 있다. 한국의 평균 기온 상승과 해수면 상승은 지구 평균치에 비해 두 배 정도 더 심각하다. 따라서 기후변화 충격이 더 클 것으로 우려된다.

기후위기로 인해 지구촌의 식량안보도 위태롭다. 유엔식량농업기구FAO는 2050년 세계 인구가 97억 명으로 늘고, 식량 수요는 1.7배가 될 것으로 전망했다. 그런 상황에서 기후변화, 자원고갈, 도시화, 산업화, 고령화는 농업생산 구조를 와해시키고 있고 그에 따라 국제 곡물시장의 불안정성이 커지고 있다. 한국의 식량 자급률은 19.3%(2020년 FAO 집계 기준)이며, 경제협력개발기구OECD 34개 회원국 중에서 32위이다. 더욱이 쌀을 제외한 보리, 옥수수, 밀 등 대부분의 곡물을 수입에 의존하고 있어 식량위기에 특히 취약하다.

지구촌 2050년
탄소중립 목표와 원자력

EU는 탄소 국경세 부과 등 넷제로 정책을 선도하고 있다. 2022년 2월에는 EU 집행 위원회가 녹색분류체계를 결정하면서 원자력과 천연가스를 포함시켰다. 녹색분류체계란 온실가스 감축과 기후변화 적응에 기여하는 활동을 분류한 목록으로 환경적으로 지속가능한 경제활동과 금융투자의 기준이 된다. 최종 결론을 도출하는 과정에서 EU 회원국은 원자력 포함 여부를 놓고 두 갈래로 갈렸다. 회원국 중 원전 의존도가 높은 프랑스·폴란드·체코·핀란드 등은 원전을 포함시킬 것을 주장했다. 반면 독일·오스트리아·룩셈부르크·덴마크 등은 반대했다. 양측의 국가들은 원전의 역사적 배경과 현황에서 차이가 있었기 때문이다.

녹색분류체계에 원전이 포함되면서 까다로운 조건도 달렸다. 신규 원전의 건축 허가를 2045년 이전에 받아야 하고, 조달 자금이 있어야 하며, 2050년까지 사용후핵연료를 안전하게 처분할 수 있는 계획과 자금이 있어야 한다는 것 등이다. 녹색분류체계에 포

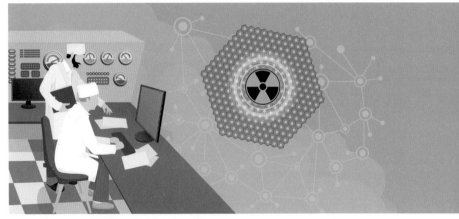
대한민국 정부는 원자력 발전을 친환경 에너지에 포함하겠다고 선언했다.

함되는 경우에는 이들 사업과 기술에 금융투자가 집중적으로 이루어질 수 있다. 집행 위원회의 녹색분류체계 규정은 2022년 7월에 유럽 의회에서 통과되어 확정되었다.

미국도 조 바이든Joseph R. Biden Jr. 대통령이 원자력을 태양광·풍력·지열·수력과 함께 청정전력으로 규정한 행정명령을 발령했다. 중국은 2020년, 러시아는 2021년에 각각 원자력을 청정에너지와 녹색 에너지로 분류했다. 일본도 원자력을 태양광·풍력과 같은 탈탄소 에너지로 규정했다. 국제에너지기구IEA와 OECD가 공동 작성한 〈2020년도 발전비용 예측 보고서〉는 원전의 비용 경쟁력이 충분하고, 원전의 장기운전이 가장 저렴한 저탄소 발전 수단이라고 평가했다.

그러나 한국은 2021년 탄소중립 시나리오 설계에서 원자력 비중을 대폭 낮추기로 하고, 2021년 녹색분류체계 작성에서 원자력

을 포함시키지 않았다. 그 뒤 2022년 7월 EU가 원자력을 녹색분류체계에 포함시키자, 환경부는 이미 발표했던 녹색분류체계를 수정해 2022년 9월에 원전을 포함하는 개정안(초안)을 발표했다. 주요 내용은 원전 신규 건설과 계속운전의 경우 2045년까지 건설·계속운전을 허가받은 설비에 대해서 녹색분류체계에 포함되는 활동으로 인정했다. 사고저항성핵연료ATF는 2031년부터 사용하는 것으로 규정했다. 고준위 방사성 폐기물의 안전한 저장과 처분을 위한 문서화된 세부계획이 존재하는지, 그리고 계획 실행을 담보할 수 있는 법률이 제정되었는지를 조건으로 포함시켰다.

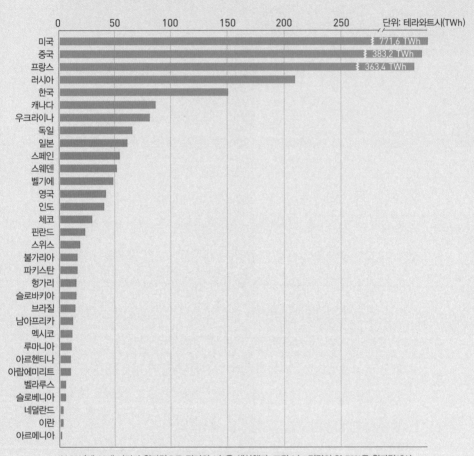

국가별 원자력 발전량(2021년 기준) ©IAEA

국가	발전량
미국	771.6 TWh
중국	383.2 TWh
프랑스	363.4 TWh
러시아	
한국	
캐나다	
우크라이나	
독일	
일본	
스페인	
스웨덴	
벨기에	
영국	
인도	
체코	
핀란드	
스위스	
불가리아	
파키스탄	
헝가리	
슬로바키아	
브라질	
남아프리카	
멕시코	
루마니아	
아르헨티나	
아랍에미리트	
벨라루스	
슬로베니아	
네덜란드	
이란	
아르메니아	

단위: 테라와트시(TWh)

2020년에 13개 나라가 원자력으로 전기의 1/4을 생산했다. 프랑스는 전력의 약 70%를 원자력에서 얻고 있고, 우크라이나, 슬로바키아, 벨기에, 헝가리는 절반을, 일본은 전력의 1/4 이상을 원자력에 의존하고 있다.

꼭꼭 씹어 생각 정리하기

1. 기후위기의 원인은 무엇일까요?

_____

_____

2. 기후위기는 우리에게 어떤 영향을 미치며 이로 인해 어떤 심각한 상황이 발생할까요?

_____

_____

3. 탄소중립이란 무엇이며 어떻게 실현 가능한가요?

_____

_____

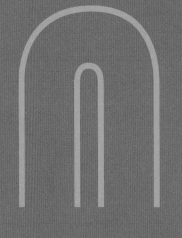

2

원자력의 과학

원자력은 방사선과 뗄 수 없는 관계이다. 우리 몸은 약한 선량의 방사선에 대해서는 방어능력이 있다. 그러나 어느 정도까지가 안전한가에 대해서는 일부 논란이 있다. 원자력 발전에서는 감마선, 베타선, 알파선 등 방사선이 많이 방출된다. 따라서 핵분열 반응이 일어나는 원자로는 특수장치로 차폐해서 방사선이 외부로 누출되지 않도록 설계하고 제작한다. 철저한 안전관리를 한다면 원전 가동에서 방사성 물질은 제어할 수가 있다. 원자로 모델은 감속재와 냉각재에 따라 분류된다. 고속증식로는 플루토늄-239를 연료로 태우므로 핵무기 확산에 대한 우려를 차단할 수 있다.

방사선의 영향

　원자력은 방사선과 뗄 수 없는 관계이다. 생물체에 해로운 방사선은 물질을 이온화시킬 수 있는 전리 방사선으로 알파선, 베타선, 감마선, X선, 중성자 등이 있다. 방사성 원소의 원자핵에서 방출되는 알파선은 양성자 2개와 중성자 2개가 강력強力에 의해 결합된 상태의 헬륨 원자핵이다. 베타선은 방사능 원소의 원자핵에서 방출되는 전자의 흐름이다. 원자핵 속에는 전자가 들어있을 수 없으므로 원자핵에 들어있는 중성자가 양성자와 전자로 바뀐 다음 원자핵에 남아 있을 수 없는 전자가 바깥으로 튀어나오는 것이다. 감마선은 방사능 원소의 원자핵에서 방출되는 진동수가 매우 큰 전자기파이다.

　이들 방사선은 자연계 어디에나 존재한다. 우주 공간에서도 방사능을 띈 우주선cosmic ray이 대기권으로 쏟아지고 있다. 우주선의 대부분은 지구까지 들어오지는 않지만 일부는 빗물이나 동식물의 먹이사슬과 호흡을 통해 인체에 흡수된다. 방사능의 단위로는 베크렐(Bq)과 시버트(Sv)가 쓰인다. 베크렐은 원자핵이 단위시간 동안

분열하는 횟수를 나타낸다. 1Bq은 1초 동안 1개의 원자핵이 분열할 때 나오는 방사선의 양을 가리킨다. 한편 시버트는 방사선이 생물에 미치는 영향인 피폭 방사선량을 나타내는 단위이다.

자연 방사선은 지역에 따라 차이가 난다. 한국 사람이 1년간 받는 평균치는 3밀리시버트(mSv) 정도이다. 우주선으로부터 8%, 지각으로부터 34%, 음식물로부터 12%, 공기로부터 46%를 받게 된다. 고도가 높은 지역에서는 자연 방사선량이 더 높아져서, 연간 10mSv를 받는다. 서울에서 미국 또는 유럽을 왕복하는 비행기를 탈 경우 0.1mSv의 우주 방사선에 노출된다. 이는 흉부 X선을 한 번 촬영하는 수준이다.

우리 몸은 약한 선량의 방사선에 대해서는 방어능력이 있다. 하지만 어느 정도까지가 안전한가에 대해서는 논란이 있다. 국가마다 방사선 선량 안전기준도 다르다. 과학적으로는 방사선에 노출된 사람 가운데 누가 암에 걸릴지는 정확히 알 수가 없다. 다만 어느 정도의 비율로 암에 걸릴지를 예측할 수는 있다. 또한 암의 원인은 방사선 이외에도 여러 가지 요인이 있기 때문에 원인을 정확히 가리기가 쉽지 않다.

방사선은 의료용 등으로 요긴하게 쓰인다. 병원에서 진단에 쓰는 MRI와 PET는 방사선을 이용한 의료기기다. 의료용이나 진단용 방사선은 저준위 방사선으로 촬영 시간에 촬영 부위에만 쏘이므로 인체에 미치는 영향이 비교적 적다. 미량의 방사성 요오드는 갑상선암 치료에 쓰이고, 세슘의 강력한 감마선은 암 치료에 쓰인다.

정상세포가 강한 방사선에 노출되면 DNA 변이를 유발하므로 발암 등의 원인이 될 수 있다. 한 번에 100mSv 이상의 방사선에 노출되면 1천 명 중 5명은 암으로 사망한다는 연구결과도 있다. 방사선의 발단threshold 선량 이하에서도 피부 이상, 탈모, 백내장, 백혈구 감소 등의 증세가 생길 수 있다. 선량 한도는 방사선 관계 종사자의 경우에는 5년간 100mSv이고 일반인은 연간 1mSv이다.

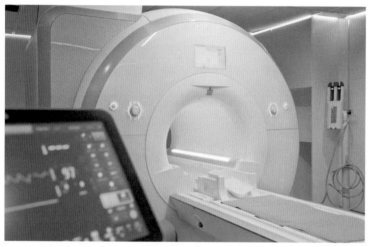

MRI 스캐너 내 방사선 촬영부. MRI는 자기장을 이용하여 몸 안의 수소 원자를 활성화시켜 이로부터 신호를 얻어 영상을 구현하는 방식으로 전리 방사선이 아니므로 인체에 무해하다.

원전과 방사능 오염

    원자력 발전에서는 여러 종류의 방사성 동위원소가 생성되므로 감마선, 베타선, 알파선 등의 방사선이 많이 방출된다. 그러나 핵분열 반응이 일어나는 원자로는 특수장치로 차폐해서 방사선이 외부로 누출될 수 없도록 설계 제작된다. 안전관리를 철저히 한다면 원전 가동에서는 방사성 물질을 제어할 수가 있다. 실제로 통계상 안전하게 설계된 원자로보다 석탄화력 발전소에서 나오는 방사성 물질이 더 많다. 석탄에 우라늄이 들어있기 때문이다.

    방사능 오염에서는 방사성 원소의 방사능이 당초 수치의 절반이 되는 데 걸리는 시간인 반감기가 중요하다. 반감기는 방사성 동위원소마다 다르다. 원전 사고에서 특히 우려되는 방사성 원소들이 있는데, 그 종류와 반감기는 다음과 같다. 세슘-137은 30년, 요오드-131은 8일, 스트론튬-89는 약 50일이다. 핵연료로 쓰이는 플루토늄-239의 반감기는 약 2만 4,000년, 우라늄-235는 약 7억 년, 우라늄-238은 약 45억 년이다.

    원전 산업에서 기술적으로 해결되지 않은 과제는 고준위 사용

일본 후쿠시마현 후타바군 도미오카 도로 주변에 방사능 제염 폐기물이 쌓여 있다. ⓒ환경운동연합

후핵연료의 반감기를 줄이는 핵변환 기술이 개발되지 않았기 때문에 반감기가 수십만 년인 방사성 폐기물의 안전관리가 어렵다는 것이다. 현재로서는 사용후핵연료는 땅속 500~1,000m 암반에 깊숙이 차폐시키는 방식으로 최종 처리하고 있다. 언젠가 획기적인 기술이 개발되어 핵변환에 의해 고준위 방사능을 우려하지 않아도 되는 날이 오리라 기대한다.

원자로 유형: 감속재와
냉각재에 따른 분류

원자로 모델은 감속재moderator와 냉각재cooler에 따라 분류된다. 감속재는 핵분열 반응에서 고속의 중성자를 안정화시켜 연쇄반응이 일어날 수 있도록 중성자의 속도를 낮추는 물질이다. 고속 중성자가 감속재와 충돌하면 속도가 느려진 열중성자가 되고, 고온 때문에 2차 반응이 잘 일어나게 된다. 원자로 내에서 반응을 지속시키려면 감속재의 온도를 낮춰주는 냉각재가 필요하다. 열을 전달받은 냉각재는 터빈발전기로 열을 전달해 전력이 생산된다.

우라늄-235는 중성자를 흡수해서 원자핵이 둘로 쪼개지고 중성자 2~3개를 내놓는 핵분열을 일으킨다. 그러나 우라늄-238은 직접 핵분열을 일으키지는 않지만 중성자를 흡수해서 플루토늄-239로 변환될 수 있다. 플루토늄-239는 원자탄의 원료이며 자연 상태로는 존재하지 않는다.

천연 우라늄에는 우라늄-235가 0.7% 정도 들어있다. 천연 우라늄을 원심분리기에 넣고 돌리면 무게 차이로 가벼운 우라늄-235를 안쪽으로 모아 3~5%까지 농축시킬 수 있다. 농축 과정을 반복해 90% 이상으로 농축하면 원자탄의 원료가 된다. 따라서 우라늄 농축은 핵 비확산을 위한 국제 규제로 금지되어 있고 엄격하게 관리된다.

우라늄-235 1g으로부터 얻는 에너지는 석탄 3t, 석유 9드럼을 태웠을 때와 같다. 즉 각각 300만 배, 22만 배의 에너지가 발생하는 고밀도 에너지원이다. 농축 우라늄-235는 담배 필터 모양의 펠릿으로 제작한다. 펠릿을 지르코늄의 특수합금으로 만든 파이프관에 수백 개씩 넣어 연료봉을 만든 뒤, 다시 연료봉 여러 개를 묶어 다발로 만든다. 연료 다발로 제조하는 이유는 그 사이사이로 냉각재인 물이 흐르면서 핵분열 연쇄반응으로 발생하는 열을 식히기 위해서이다. 연료 다발을 원자로에 넣으면 중성자에 의해 핵분열이 시작되고, 핵분열에서 발생하는 열에너지로 발전이 된다.

감속재에 따른 분류

흑연로GMR: 1942년 엔리코 페르미Enrico Fermi는 흑연을 냉각재로 써서 최초의 원자로를 가동시켰다Chicago Pile-1. 군수용으로 최초의 상업 발전도 했던 영국 셀라필드의 콜더홀 원자로Magnox와 체르노빌 원전의 원자로RBMK가 흑연로였다. 냉각이 제대로 되지 않으면 과열로 연료봉이 손상되어 방사능 누출 사고가 발생할 수 있다. 실제로 발생한 것이 1986년 최악의 체르노빌 사고였다.

경수로LWR: 경수로는 경수를 감속재 겸 냉각재로 사용한다. 핵

시카고 파일1은 우라늄 6t, 산화우라늄 50t, 흑연 벽돌 400t으로 만들어졌다. 흑연 벽돌을 57층으로 쌓아 만든 이 파일의 높이와 지름은 각각 7m에 달한다.

반응에서 생긴 중성자들이 물 분자의 수소 원자와 충돌해 감속되는 원리를 이용한 노형이다. 경수는 중수에 비해 중성자와 더 많이 충돌하기 때문에 농축 우라늄을 핵연료로 써야 한다. 경수로에서 냉각재인 물이 부족하면, 사고 발생 가능성이 커진다. 핵분열 반응의 잔열이 원자로 내부의 온도를 올려 수소 폭발이 일어날 수 있기 때문이다. 1979년 미국의 스리마일섬 사고와 2011년 후쿠시마 사고가 바로 그런 경우였다.

중수로HWR: 중수를 감속재 겸 냉각재로 사용하는 중수로는 천연 우라늄을 핵연료로 쓴다. 캐나다가 개발한 캔두CANDU 모델이다. 중수 가격이 비싸서 비용이 높다. 농축 우라늄이 아니라서 연료를 자주 교체해야 하고, 사용후핵연료가 다량 발생한다.

고속중성자로FNR: 감속재를 사용하지 않는 노형으로 방사능 물질의 잔량이 적고 연료 효율이 높아 유리하다. 그러나 고속중성자를 이용하므로 핵분열성 물질이 고농도로 농축되어야 하고, 설계도 어렵다. 주요 냉각재인 소듐의 반응성 조절도 해결되지 못했다. 일본의 몬주 고속로 개발도 사고로 결국 포기했다.

냉각재에 따른 분류

가압수로PWR: 가압수로는 냉각재인 물을 두 단계로 사용한다. 원자로 속으로 직접 들어가는 1차 냉각재는 고압의 가압수이다. 가열된 가압수는 2차로 일반수로 냉각시킨다. 이때 끓어오른 수증기가 발전기의 터빈을 돌려 전기를 생산한다. 터빈을 돌리는 일반수가 방사선에 직접 오염되지 않아 안전하다. 그러나 가압수가 원자로 내에서 기화되지 않도록 1차 냉각수에 고압을 가해야 하므로 추가 비용이 들어간다. 반응 조절재로 쓰이는 붕산이 고온의 물에 녹을 경우에는 탄소강을 부식시켜 방사성 물질이 누출될 우려가 있다.

비등수로BWR: 비등수로는 냉각재인 물에 압력을 가하지 않고 곧바로 증기를 발생시켜 발전기의 터빈을 돌리게 하는 노형이다. 따라서 구조가 단순하고 비교적 낮은 압력과 온도를 유지하므로 과열이나 냉각수 손실 등의 위험이 낮고, 붕산을 쓰지 않는다. 그러나 물이 액체와 기체 상태로 존재하기 때문에 연료 소모 계산이

핵발전소의 원자로 노심에 연료봉을 적재하고 있다. 원자로는 물(파란색) 아래에 침지되어 있고, 연료봉을 노심으로 올리고 내리기 위해 리프팅 기계가 사용되고 있다. 프랑스 아르덴 지역 쇼즈 원자력 발전소로 가압수로형 원자로이다.

어렵고, 냉각수 방사능 오염이 생긴다.

기체냉각로GCR: 기체냉각로는 이산화탄소를 냉각재로 사용한다. 고온기체냉각로HTGR와 기체냉각고속로GFR 모델은 헬륨을 냉각재로 사용한다. 기체냉각로는 과열로 인한 폭발의 우려가 적고, 고온에서도 잘 견딘다. 천연 우라늄을 사용할 수 있어, 연구개발이 진행되고 있다.

액체금속 냉각증식로LMFBR: 대형 고속증식로는 액체금속을 냉각재로 사용한다. 맨해튼 프로젝트의 고속중성자증식로 개발에서는 수은을 냉각재로 쓰고, 플루토늄을 핵연료로 썼다. 그러나 수

은의 독성과 높은 증기압으로 개발이 중단되었다. 해군 원자로에서 사용한 납냉각재고속로도 녹는점과 증기압이 높아 다루기 어려웠다. 납-비스무트 합금도 시도했으나 부식성이 컸다. 소듐이나 소듐-칼륨 합금의 액체금속 냉각재는 냉각 효율이 좋고 반감기가 긴 방사능 원소를 만들지 않는 강점이 있다. 그러나 공기나 물과 격렬한 반응을 일으켜 사고 위험성이 있다.

고속증식로FBR: 증식로는 핵분열성 물질의 증식 비율을 높이는 노형이다. 고속중성자를 곧바로 이용하는 고속증식로, 속도가 느린 열중성자를 이용하는 열증식로가 있다. 주로 고속증식로 개발이 진행되고 있으며, 냉각재로는 물 대신 액체금속을 쓴다. 액체금속에서는 중성자 속도가 줄지 않아 고속중성자가 우라늄-238을 때릴 때 플루토늄-239가 생성된다. 이 과정이 증식이다.

플루토늄-239는 우라늄-235처럼 핵분열 반응을 일으킨다. 증식로의 강점은 핵분열성 연료의 증식 비율 상승으로 핵연료 효율이 극대화된다는 것, 반감기가 긴 악티늄 원소로의 변환 비율이 낮아 사용후핵연료의 고준위 방사성을 낮출 수 있다는 것, 우라늄보다 풍부한 토륨을 연료로 사용할 수 있다는 것이다.

사용후핵연료에는 우라늄-238과 플루토늄-239가 들어있다. 플루토늄-239는 핵무기의 원료가 된다. 따라서 이를 연료로 태우는 고속증식로는 핵무기 확산 우려를 차단할 수 있다. 경수로는 물의 열전달 효율을 높이기 위해 150기압에서 작동시키지만, 고속증식로는 1기압에서 작동하므로 안전성에서 유리하다.

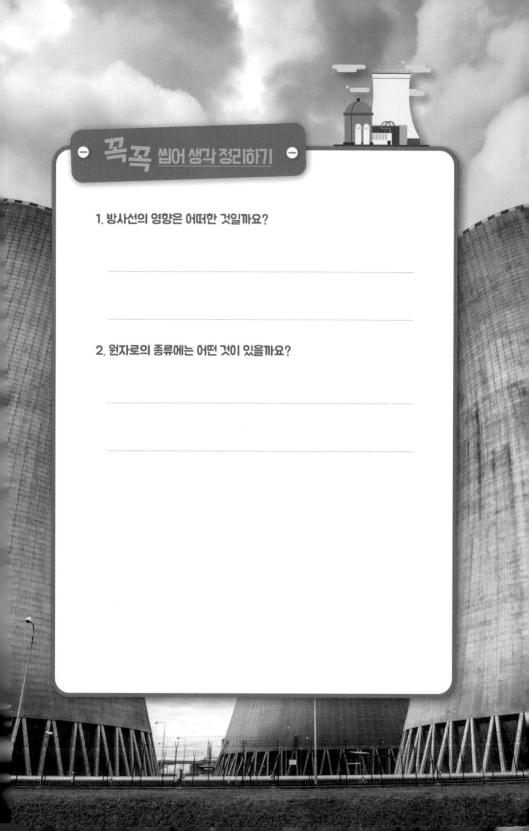

꼭꼭 씹어 생각 정리하기

1. 방사선의 영향은 어떠한 것일까요?

2. 원자로의 종류에는 어떤 것이 있을까요?

3

원자력의 실용화:

아인슈타인 방정식으로부터
핵무기 개발과 원자력 발전까지

20세기 원자력은 세상의 종말을 초래하는 파괴와 평화적 이용에 의한 에너지라는 양극단의 이미지로 갈린 논란거리의 기술이었다. 현재도 상황은 변하지 않았다. 특히 한반도는 북핵문제로 인해 국가안보는 물론 동북아 지역과 글로벌 차원의 첨예한 관심사가 되었고, 오랫동안 돌파구를 찾지 못한 채 제자리걸음을 하고 있다. 원자력 실용화의 길을 걷게 된 출발점은 1905년 아인슈타인의 유명한 방정식 $E=mc^2$(m:원자핵의 질량 결손, c:빛의 속도)이었다. 지극히 간단한 이 방정식은 원자핵의 극미한 질량 감소에 빛의 속도의 제곱을 곱한 만큼의 천문학적 에너지가 현실화될 수 있음을 말해주고 있었다. 불행히도 그 가능성은 전운이 감돌던 시기에 핵무기 개발부터 실현되었다.

제2차 세계대전과 원자탄 개발

핵분열 연쇄반응 성공

원자력의 실용화 과정은 아슬아슬한 서커스 같았다. 1938년 제2차 세계대전의 전운이 고조되던 때, 독일의 오토 한Otto Hahn 과 프리츠 슈트라스만Fritz Strassmann은 우라늄−235의 핵분열 연쇄반응에 성공한다. 우라늄의 핵분열이 인간에 의해 처음 밝혀지는 순간이었다. 그러나 당시에는 당사자들조차 그 실험의 엄청난 의미를 알지 못했다. 차츰 유럽 과학계에 이 실험의 성공 소식이 전해지면서 '핵무기가 만들어질 것 같다'는 소문이 돌기 시작한다.

그러나 원자탄 개발까지는 해결해야 할 근본적인 과제가 여럿이었기 때문에 아직까지는 공상과학 수준이었다. 첫째, 기술적으로 핵분열 반응의 원료인 우라늄−235를 얻는 방법을 알지 못했다. 자연계에 존재하는 우라늄의 99.3%는 우라늄−238이고, 0.7% 정도가 우라늄−235이다. 따라서 원자폭탄을 만들려면 우라늄−235를 분리해야 하는데 그 방법을 몰랐다. 둘째, 핵분열의 연쇄반응이 일어나기 시작하는 임계질량의 값도 알지 못했다. 그 당시 물리학

독일의 화학자 오토 한(중앙)과 오랜 동료인 프리츠 슈트라스만(왼쪽)은 1982년 6월 30일 뮌헨에 있는 독일 박물관 작업대에서 원자 분열을 시연했다.

의 대부라고 하던 영국의 어니스트 러더퍼드Ernest Rutherford는 핵무기 개발 소문에 대해 "터무니없는 소리"라고 일축했다.

미국의 우라늄 위원회

그 무렵 나치 정권의 유대인 탄압으로 유럽의 과학자들도 망명길에 오르고 있었다. 그중 에드워드 텔러Edward Teller, 유진 위그너 Eugene Paul Wigner, 레오 실라르드Leo Szilard는 히틀러Adolf Hitler가 먼저 원자탄을 개발하는 것보다는 연합군 측이 만드는 편이 낫다고 판단한다.

알버트 아인슈타인과 헝가리 물리학자 레오 실라르드(오른쪽)

　미국으로 건너간 실라르드는 위그너와 함께 프린스턴 대학에 자리 잡고 명성을 얻고 있던 아인슈타인Albert Einstein을 찾아간다. 그들은 프랭클린 루스벨트Franklin Delano Roosevelt 대통령에게 보낼 원자탄 개발 촉구 서한에 아인슈타인의 서명을 요청한다. 이 서신에 서명을 한 관계로 아인슈타인은 훗날 원자탄 개발에 책임이 있다는 비난을 받기도 했다.

　이러한 과정을 거쳐 미국은 1939년 '우라늄 위원회'를 설치한다. 그러나 초기의 위원회 예산은 고작 연간 6,000달러로 활동이 미미했다. 1940년 버니바 부시Vannevar Bush(전 MIT 부총장) 주축으로 하는 국방연구 위원회에 흡수되고 난 뒤 미국 출신의 대통령 자문위원들이 개입하면서 연구개발이 활성화된다.

영국의 모드 위원회

1940년 원자력 실용화에 관한 중대 발견을 한 과학자는 영국으로 망명한 오토 프리슈Otto Robert Fritch와 루돌프 파이얼스Rudolf Ernst Peierls였다. 그들은 우라늄-235의 분리공정을 설계하고, 핵분열 반응의 임계질량이 약 10kg임을 알아낸다. 이를 계기로 영국 정부는 '우라늄 폭발의 군사적 응용MAUD, Military Application of Uranium Detonation' 위원회를 출범시킨다. 모드 위원회의 활동은 세계대전 중에 적국에서 망명 온 과학자들이 참여해 원자탄 개발이라는 국가기밀 연구개발의 기초를 닦은 매우 특이한 사례였다. 더욱이 영국 역사상 가장 성공적인 위원회라는 평가를 받은 것도 특이하다.

1939~1941년 영국은 원자탄 개발의 선두주자였다. 그러나 생산공정은 진행되지 못했다. 그도 그럴 것이 영국 본토 전역이 독일의 막강한 로켓 V-2의 사정권에 있었기 때문이다. 영국 본토에 원자탄 제조공장을 짓는 것은 자폭이나 마찬가지였다. 영국은 우라늄 폭탄은 물론이고 플루토늄 폭탄 제조 내용까지 담긴 보고서를 고스란히 미국에게 넘겨주게 된다.

이를 계기로 미국의 원자탄 연구개발은 활기를 띤다. 어니스트 로런스Ernest Orlando Lawrence(1939년 노벨 물리학상 수상)는 입자가속기 사이클로트론을 써서 우라늄-235와 우라늄-238을 분리해냈다. 그 과정에서 예기치 못했던 성과까지 올린다. 우라늄-238이 플루토늄으로 변환되고, 플루토늄도 연쇄반응을 일으킨다는 새로운 사실을 발견한 것이다. 이로써 우라늄-238도 원자탄 제조의 원료가 될 수 있다는 사실이 확인된다. 1940년 로런스는 록펠러 재단으로부터 100만 달러를 지원받아 매머드 사이클로트론을 제작하고, 우라늄-235 분리를 위한 질량분석기로 재설계했다.

맨해튼 프로젝트: '기술과 과학행정의 서커스'

1941년 여름, 어니스트 로런스는 버니바 부시와 제임스 코넌트James Conant(1933년부터 20년간 하버드 대학 총장) 등과 논의한 끝에 원자탄 개발이 실현 가능하다는 결론을 내린다. 당초 제2차 세계대전에서 미국 과학자들은 레이저 무기 개발에 관심을 두고 있었다. 그 목표가 원자탄 개발로 바뀐 것이다. 루스벨트 대통령의 과학고문이기도 한 부시와 코넌트는 대통령에게 원자탄 개발의 필요성에 대해 설득한다. 그 결과 1942년 8월에 원자탄 개발의 코드명 '맨해튼 프로젝트'가 출범한다.

1941년 12월 7일, 일본의 진주만 습격을 계기로 미국의 원자탄 개발은 본격 추진된다. 역사상 최초의 산업체-연구소-대학-군부-정부 협력의 초대형 프로젝트가 가동되면서 테네시주의 오크리지와 워싱턴주의 핸퍼드에 플루토늄 폭탄 제조를 위한 주요 시설이 들어선다. 원자탄 제조 관련 연구개발은 뉴멕시코주의 외딴 도시 로스앨러모스에서 진행되었다. 프로젝트의 과학 수석행정관이던 로버트 오펜하이머Julius Robert Oppenheimer는 전공과 성향이 각각 다른 많은 과학자와 엔지니어를 아우르며 사기를 북돋우는 통합의 리더십을 발휘했다. 전쟁 상황이라 총괄 책임은 레슬리 그로브

맨해튼 프로젝트의 과학자들

스Leslie Richard Groves Jr. 육군 장군이 맡았다.

　미국의 원자탄 개발을 가리켜 영국의 찰스 스노Charles Percy Snow경은 '기술과 과학행정의 서커스'라고 표현했다. 연구개발 주체의 성격도 각양각색이었다. 과학기술계는 자율성을 중시하고, 군은 보안 위주의 관료주의를 고수했다. 제조공정에서 다수 대기업이 참여하면서 경영진과 기술진, 과학자와 엔지니어 사이의 긴장도 증폭되었다. 그로브스 장군은 당시 미국의 기업 경영 모델이던 포드주의Fordism(대량생산 체제)와 테일러주의Taylorism(효율성 위주의 과학적 관리)의 신봉자였다.

　그러나 인류 역사상 가장 모험적이고 창의적인 연구개발 활동에서 그런 경영원칙을 기대하는 것은 무리였다. 그로브스 장군은 대학에서 연구를 분담하던 과학자와 엔지니어들이 지극히 불충분한 데이터를 갖고 실패할 것이 분명한 생산공정 설계와 건설에 막대한 국가 재정을 투입한다고 못마땅하게 여겼다. 그의 우려대로

1944년 말까지도 맨해튼 프로젝트의 전망은 오리무중이었다. 핵반응로, 우라늄 분리공정(열 확산법과 기체 확산법), 폭탄 제조공정, 냉각재 논쟁, 소재 선정, 난해한 물리학적 계산 등 난제가 산적해 있었기 때문이다.

그런 가운데 1944년 가을 뉴멕시코주의 로스앨러모스에 원자탄 제조공장이 들어선다. 이 '원자도시'에 모여든 과학자와 엔지니어는 3,000여 명이었다. 그중 상당수는 자신이 맡은 임무가 원자탄 제조의 일부인지도 모르는 채 분담 체제로 수수께끼 풀이에 몰두했다. 당시 해리 트루먼Harry S. Truman 부통령에게도 기밀로 했다는 국가 최고의 극비 프로젝트였지만, 미국 전역에서 어느 날 과학자와 엔지니어가 소리 없이 사라지면서 미국이 원자탄 개발을 하고 있다는 사실은 공공연한 비밀이 되고 있었다.

핵무기 투하를 둘러싼 논쟁

역사에는 가정이 없다지만, 만일 아인슈타인 방정식의 실용화 가능성을 알리는 핵분열 연쇄반응 실험이 제2차 세계대전 발발 시기에 성공하지 않았더라면, 원자력은 평화적 이용부터 실현되었을지 궁금하다. 원자탄 개발이 가시권에 들면서 과학계에서는 일부 핵무기 반대 움직임이 일어난다. 당시 독일에는 원자탄 개발을 주도할 수 있는 과학자가 십여 명 있었다. 그러나 독일의 주력 무기는 로켓이었다. 1944년 연합군이 독일에 교두보를 확보한 뒤 가장 먼저 확인한 것은 '독일의 원자탄 개발이 어디까지 왔나'였다. 그런데 독일은 완전 초보 단계였다.

이에 일부 과학자들은 핵무기 개발 반대로 돌아선다. '양자역학의 전설'로 칭송받는 닐스 보어Niels Bohr(1922년 노벨 물리학상 수상)는 원자탄 개발 이후 세계가 분열될 것을 경고하며 원자력의 국제적 관리를 주장한다. 1944년 10월, 윈스턴 처칠Winston Churchill을 찾아간 그는 냉대를 받았고, 11월에는 루스벨트를 찾아갔다. 1945년 3월에는 두 번째 비망록을 제출했으나 4월 루스벨트 대통령이 서거한 후에야 전달된다. 당초 미국의 원자탄 개발을 촉구했던 레오 실라르드도 원자탄 투하 반대로 돌아섰다.

1945년 5월 독일은 연합군에게 항복했다. 일본의 항복도 시간문제라고 판단한 시카고 그룹의 과학자들은 독일제국 출생으로 히틀러 정권을 피해 시카고 대학에 와 있던 제임스 프랑크James Franck(1925년 노벨 물리학상 수상)를 중심으로 프랑크 위원회를 결성했다. 그리고 종전 후의 핵 통제와 핵의 신중한 사용을 강조하는 결의문을 채택했다. 그러나 미국 국방성은 정책회의에서 '조속한 전쟁 종식을 위해 사전경고 없이 일본에 원자탄을 투하한다'는 결정을 내리고 있었다. 국방연구 위원회 과학자들도 원자폭탄 제조와 투하에 찬성하는 쪽에 섰다.

1945년 7월 16일, 프랑크 보고서가 워싱턴에 도착하기 전 뉴멕시코주의 앨라모고도에서 코드명 트리니티 폭파 시험은 대성공을 거두었다. 예상을 초월하는 가공할 파괴력이 확인된 것이다. 원자탄은 독일의 패망 이후에도 계속 버티고 있던 일본에 투하된다.

1945년 8월 6일 오전 8시 16분, 우라늄 폭탄 '리틀보이'가 B-29 폭격기 '에놀라 게이'에 실려 히로시마에 투하된다. 폭발력은 TNT 13kt(킬로톤)급이었다. 히로시마의 희생자는 그 당시 집계로만 10만 명이었다. 1945년 말까지는 14만 명이 희생되고, 5년 뒤에는 20만 명이 되었다. 히로시마의 7만 채 건물 중 반 이상이 파괴되었다.

이어서 8월 9일에는 윈스턴 처칠에 빗대어 명명했다는 플루토늄 폭탄 '팻 맨'이 B-29 폭격기 '벅스카'에 실려 나가사키에 투하된다. 폭발력은 TNT 22kt급이었다. 1945년 말까지 사망자는 7만 명, 이후 5년 이내에 14만 명이 생명을 잃었다. 일본의 두 도시에 투하된 원자탄으로 몇 년 사이에 30여만 명이 사망한다. 그중 조선인 사망자도 10% 정도로 알려졌다. 피폭으로 고통을 겪는 피해자는 훨씬 많았다. 원폭 투하로 일본은 8월 10일 워싱턴에 항복 메시지를 전달한다. 일본은 원자탄으로 인해 전쟁을 일으킨 나라

B-29 폭격기 '에놀라 게이'

우라늄 폭탄 '리틀보이'

나가사키에 원자폭탄 투하 후 일어난 버섯 구름

플루토늄 폭탄 '팻 맨'

라는 악명 대신 전쟁으로 역사상 유례없는 피해를 입은 나라가 된
다. 이 역사의 아이러니로 일본은 전후 미국의 집중적인 원조를 받
는다.

　원자탄 투하 후 미국의 NBC 라디오는 "우리는 프랑켄슈타인
을 창조했다."고 논평했다. 로버트 오펜하이머는 1947년 "원자탄
투하 이후 과학자들은 죄악이 무엇인지 알았다."고 술회했다. 종전
후 미국의 수소폭탄 개발에 반대했던 오펜하이머는 '원자 간첩' 혐

의까지 받는 등 고초를 겪었다. 아인슈타인은 평화주의자로서 군사력 또는 원자탄이 무엇을 의미하든 반히틀러 진영에서 선취해야 한다고 믿었으나 그 위험성을 깨닫고 반대했다. 그는 "그 폭탄의 사용에는 이상한 불가피성이 있었던 것 같다."고 회고했다.

'공포의 균형' 시대

제2차 세계대전 종전 직후 1946년 미국은 원자력 위원회를 설립하고 맨해튼 프로젝트 시설과 장비 등의 관리를 맡긴다. 당시 원자력 공장 수는 37개였고, 인력은 3만 7,800명이었다. 원자탄 연구개발에 쏟은 예산은 22억 달러였다. 인류 역사상 국가가 무기 개발을 위한 군사과학기술에 그처럼 막대한 투자를 한 적은 없었다. 1940년대 말 미소 양 진영의 냉전시대로 진입하면서 표면적으로는 원자력의 평화적 이용을 내세웠지만, 실제로는 핵무기 개발 경쟁이었다. 원자탄 개발의 후발국이던 소련은 1949년 카자흐스탄 사막에서 최초의 원자탄 실험에 성공한다.

원자탄 개발사에는 스파이에 얽힌 일화가 많다. 그중 대표적인 원자 스파이는 독일계 영국인 물리학자인 클라우스 푹스Klaus Fuchs 이다. 공산주의자였던 그는 1941년 말부터 소련 측에 영국의 핵개발 프로그램 정보를 넘겨주기 시작했다. 1944년 초 한때 연락이 끊겼으나, 미국의 로스앨러모스 국립 연구소 이론부에서 원폭 연구개발에 참여하면서 다시 핵무기 설계 상세 정보를 소련 측에 전달하고 있었다. 소련의 원폭 개발은 푹스를 비롯한 여러 명의 스파이 때문에 빨라졌다고 할 정도로 스파이 활동이 많았다. 푹스는 1946년 영국의 핵 프로그램 작업에 참여하기 위해 귀국하면서 스파이 혐의로 체포되었고, 1950년 1월 자신의 모든 스파이 행위를 자백했다.

이후 냉전시대로 접어들며 미국과 소련의 핵무기 개발 경쟁은 치열했다. 미국은 1952년 핵융합의 수소폭탄 '아이비 마이크'를 최초로 개발했다. 이어서 1954년 태평양 마셜 제도의 비키니 환초에서 수소폭탄 '캐슬 브라보' 실험을 했다. 그 폭발력은 히로시마에 투하된 원자탄 1,000개에 달했다. 소련은 1961년 북극해 섬에서 수소폭탄 '차르 봄바' 실험을 했다. 그 폭발력은 히로시마에 투하된 원자탄의 3,800배였다.

1945년 7월 이후부터 2016년까지 진행된 핵실험은 2,000여 차례였다. 핵실험을 한 국가는 미국, 러시아, 영국, 프랑스, 중국, 인도, 파키스탄, 북한 등 8개국이었다. 미국과 소련 이외에 영국, 중국, 프랑스도 수소폭탄 보유국이 되었다. 영국은 핵무기를 보유한 국가로 구성된 핵클럽에 가입했다. 이로 인해 아슬아슬한 '공포의 균형' 시대가 열리고, '사용할 수 없는 무기'인 핵무기는 소형화, 정밀화, 다종화로 치달았다. 냉전이 종식된 1991년 이후 핵실험 횟수는 급감했다. 1998년에는 인도와 파키스탄이 핵실험을 했다. 미국의 브루킹스 연구소는 1940~2012년 미국이 핵전력 증강에 투입한 예산이 5조 5,000억 달러라고 추산했다. 21세기에 핵실험을 한 것은 북한뿐이다. 2016년 4차 핵실험은 수소폭탄 실험이라고 발표했다.

핵의 위협에서 벗어나려는 시도가 없었던 것은 아니다. 1954년 성탄절, 영국의 버트런드 러셀Bertrand Russell경은 〈인류의 위험〉 제하의 방송에서 핵전쟁 위기 방지를 위한 국제회의 소집을 제안했다. 이에 아인슈타인이 호응하면서 핵무기 폐기를 위한 '러셀-아인슈타인 선언'이 발표된다. 세월이 흘러 1991년 9월, 미국 조지 W. 부시George H. W. Bush 대통령(1989~1993년 재임)은 핵무기 일방 감축을 선언하고, 이에 화답해 소련의 미하일 고르바초프Mikhail Gorbachev 공산당 서기장(1985~1991년 재임, 1990년 노벨 평화상 수상)은 단거리 핵 폐기를 선언한다. 두 나라 정치 지도자의 이런 선언은 원자력 관리를 위한 의미 있는 진전이었다. 그러나 국제평화를 위한 시도도 헛되이 핵무기 위협은 해소되지 못하고 있다.

미국 대통령 취임식에서는 '핵 가방'을 든 요원이 신임 대통령과 가까운 거리에서 수행한다. 가죽 가방에는 핵무기 발사 상황 대처 매뉴얼과 통신 방식이 들어있다. 통수권 이양은 취임선서가 끝나는 즉시 핵 가방의 인수인계로 효력이 발생하게 된다. 지구상에는 핵탄두 1만 2,705기가 존재한다. 그중 4,100기가 사용 가능한 상태이다. 지구촌 도처에 널려 있는 핵무기와 핵물질은 언제 어디서 어떤 재앙을 일으킬지 알 수 없다.

최근 러시아가 우크라이나 전쟁을 벌이며 계속 핵무기 사용을 불사한다고 위협하고 있다. 이런 상황에 대해 바이든 미국 대통령은 푸틴Vladimir Putin의 핵전쟁 위협이 쿠바 미사일 위기 이후 최고조에 달했다고 우려했다. 그는 "케네디 대통령 때의 쿠바 미사일 위기 이후 이처럼 아마겟돈(지구 종말을 초래하는 최후의 전쟁)의 가능성에 직면한 적이 없었다."면서 비상사태를 경고했다. 2010년 러시아는 군 독트린을 개정해 "국가 존립에 위협이 있을 경우, 적이 재래식 전력으로 공격해오더라도 핵무기를 사용할 수 있다."고 규정했다.

북한은 2022년에만 10월까지 27차례 단거리 탄도 미사일을 발사했다. 전문가들은 북한이 중거리 미사일이나 대륙 간 탄도 미사일을 발사하고 핵실험을 할 가능성을 우려한다. 북한이 핵 위협 수위를 높이자 국내에서는 전술핵 재배치의 필요성이 제기되고 있다. 이에 대해 미국의 일부 전문가들은 군사적 실익이 적고 북한의 오판을 초래할 수 있으며 한미 동맹에 부담이 될 수 있다고 지적하고 있다. 대안으로는 한미 간, 한미일 간 군사 협력을 강화할 것을 제안하고 있다. 최근 우크라이나 사태와 한반도에서 벌어지고 있는 핵 위기는 지역은 물론 세계를 불안하게 하고 있다. 국제사회가 이들 핵 위협에서 벗어날 수 있는 출구를 어떻게 마련할 수 있을지, 지구촌 핵 공포와 핵 리스크는 언제 어떻게 해결될 수 있을지, 매우 심각한 상황이다.

종전 후 원자력의 평화적 이용

핵잠수함 노틸러스호 개발

제2차 세계대전이 끝난 후 원자력 에너지의 이용은 새로운 국면을 맞게 된다. 미국 원자력 위원회가 원자력의 평화적 이용에 눈을 돌린 것이다. 에너지, 잠수함, 의술 등에 응용하는 과정에서 최초의 성과물로 얻어진 것은 1955년 1월에 시험 항해에 성공한 핵잠수함 노틸러스호였다. 제2차 세계대전 말에는 잠수함 탐지기술이 발달해 내연기관의 엔진형 잠수함은 배기가스 배출 때문에 여지없이 적군에 노출되고 있었다. 따라서 심해 잠항이 가능한 잠수함의 개발은 군사기술의 매우 절실한 과제였다.

핵잠수함 개발에는 몇 가지 기술적 난제가 있었다. 해병을 방사선으로부터 보호해야 하고, 안전하고 내구성이 강한 소재를 찾아야 했으며, 잠수함 추진 장치의 열 교환기와 제어기를 제작하는 일 등이 어려웠다. 그 해결 과정에서 원자로의 핵연료봉에 지르코늄 합금을 사용하게 되는 큰 성과를 거둔다. 노틸러스에 들어간 원자로는 웨스팅하우스사가 1948년에 제작 계약한 마크I이

핵추진 잠수함 USS 노틸러스(SSN-571)가 1954년 1월 21일 미국 코네티컷주 템스강으로 미끄러져 들어가고 있다. 노틸러스는 1955년 1월 세계 최초로 가동된 원자력 잠수함이다.

었다. 이 모델은 1957년 시핑포트 원전에 도입되는 가압경수로형으로 변형된다.

노틸러스호는 기존 잠수함의 최장 잠항 기록의 10배가 넘는 2,100km를 잠수 항해하는 개가를 올렸다. 바다 위의 배도 따라잡았고, 탐지기에도 걸리지 않았으며, 수뢰의 공격조차 무력화시켰다. 노틸러스 이후 원자력으로 움직이는 함선과 대형 항공모함 건설 계획이 추진된다. 그 성과로 세계 최초로 USS 조지 워싱턴 핵 잠수함에 고체 연료 미사일 폴라리스가 장착되고, 1960~1966년 사이에 40대가 실전 배치된다. 전후 최초 원자력의 평화적 이용도 결국 군사무기 개발이었던 셈이다.

원자력 발전 시대 개막

원자력이 일상생활에 직접 이용된 것은 원자력의 상업적 발전이 계기였다. 세계 최초로 소련은 1954년 소규모 실증로를 건설했으나 관련 정보가 공개되지 않아 알려진 바가 없었다. 두 번째 원자력 발전은 1956년 영국의 콜더홀 원전에서 이루어졌으나 군사용도 겸했다. 따라서 본격적 상업용 원전은 1957년 시험 가동에 들어간 미국 십핑포트 원전으로 기록된다.

미국 십핑포트 원자로에서 인양되고 있는 원자로 용기의 머리 부분으로 원자로를 해체하는 동안 찍은 것이다. 십핑포트 원자로는 가압경수형 원자로 기술을 시연하고 전기를 생산하기 위해 설계되었다.

전후 미국의 원전 정책 추진은 핵심 외교 전략이었다. 아이젠하워Dwight Eisenhower 대통령은 구소련과의 냉전에서 원자력이 승부수가 될 것이라는 정책 자문을 받아들인다. 그들은 원자력이 18세기 영국의 산업혁명에 버금가는 기술적, 사회적 동력을 창출할 것이라고 믿었다. 때마침 1949년 구소련의 핵실험 성공, 1950년 한국전쟁 발발 등 냉전이 시작되면서 미국은 원자력의 평화적 이용에서의 리더가 되겠다고 유엔 총회에서 공표한다.

1953년 아이젠하워 대통령이 제안한 '원자력의 평화적 이용Atoms for Peace'의 요지는 세 가지였다. 첫째, 원자력의 평화적 이용 촉진을 위한 조직으로 유엔 산하에 원자력 기구를 신설해 우라늄 등 핵분열성 물질의 관리를 맡도록 한다. 둘째, 핵분열성 물질의 평화적 이용에 대한 국제적 규모의 조사를 실시한다. 셋째, 세계가 보

1953년 아이젠하워 대통령이 미 의회에서 연설하고 있다.

유한 핵무기의 축소 방안을 미국 의회에 제출한다.

미국은 1954년 원자력법 개정으로 원자력 관련 국제협력과 민간협력을 대폭 강화한다. 원자력법 제123조에 의해 미국 대통령이 타국과 원자력 협정을 맺을 수 있게 하고, 제103조는 '산업적 목적이든 상업적 목적이든 간에 그 신청자가 적격자로 인정되는 경우 원자로를 소유하고 핵물질을 생산할 수 있다'고 개정해 민간기업이 원자력 산업에 참여할 수 있도록 개방한다.

1957년에는 원전 사고 피해 보상에 관한 프라이스-앤더슨 법을 제정해 원자력 관리에 대한 감시 수용을 전제로 어느 나라에든지 원자로를 제공하도록 조치했다. 그 결과 미국은 1957년 말까지 소형 연구용 원자로 23기를 해외로 내보내고, 49개국과 원자력 협력 상호조약을 체결한다. 1956년 한국도 '원자력의 비군사적 이용에 관한 한미 간 협력 협정'을 체결했다. 이후 연구용 원자로와 고리 1호기 등의 건설을 계기로 여러 차례 협정을 개정했고, 2015년 새로운 개정안에 서명했다.

미국의 십핑포트 원전

원전 산업에 관한 관심이 고조되면서 당초 맨해튼 프로젝트에 참여했던 산·학·연·관·군 주체들 간의 견해는 엇갈렸다. 결국 절충안은 원자력법에 나타난 대로 민간기업이 원전을 건설하고 소유하되, 정부가 핵물질을 소유하고 관장하는 것으로 타결되었다. 1957년 시험 가동한 십핑포트 원전은 항공모함용 원자로의 설계

세계 최초로 평화적 원자력 발전소가 가동된 미국 펜실베이니아주 십핑포트 원전

를 변형해서 민수용 원자로로 만든 것이었다. 따라서 비판도 제기
된다. 상업 발전용 원자로를 기존 기존 군수용을 변형시켜 만든 것
이 적절치 않다는 지적이었다.

미국의 원전 건설 초기에 나타난 지역사회의 반응은 '원전은
폭탄처럼 폭발하지 않나요?'였다. 즉각적으로 초강력 폭발을 일으
키는 핵폭탄, 반면 핵분열 반응속도를 서서히 조절해서 에너지를
얻는 원자력 사이에서 양극단의 이미지가 혼재했기 때문이다. 십
핑포트 원전의 원자로는 가압경수로형이고 핵연료는 저농축 우라
늄이었다. 건설비가 많이 들고, 화석연료 발전보다 운영비가 많이
들기는 했으나 '성능은 좋다'고 평가되었다. 이후 10년 동안 미국에
서 가동된 원자로 12기 가운데 10기는 십핑포트 원자로 모델이었
다. 아이젠하워 행정부(1953~1961년) 때 원자로 사업은 크게 확대된
다. 비등수로형 원자로, 소듐냉각고속로 등도 그때 이미 개발되고
있었다.

우리나라 원자력 산업의 역사

1950년대 말 원자력 행정체계 구축

한국은 2020년 기준으로 가동 가능한 원자로 기수는 24기, 원자력 전기의 비중은 30%이다. 국내에서 4기, UAE에서 4기를 건설하고 있다. 한국 원자력 정책의 시작은 1950년대 이승만 정부 때부터였다. 수력과 화력 발전만으로는 에너지 수요를 감당할 수 없다고 판단한 이 대통령은 1956년 미국의 전기 기술 전문가 시슬리Sisley 박사의 원자력 자문을 받아들여 원자력 발전을 시작하기로 결정한다. 1인당 국민소득 60달러이던 시절이었다.

때마침 미국 아이젠하워 대통령의 '원자력의 평화적 이용' 선언으로 양자 간 협정이 체결되던 때라, 1956년 우리 정부는 '원자력의 평화적 이용에 관한 한미 간 협정'에 서명했다. 1950년대 말에는 원자력 행정체계가 구축된다. 1958년 원자력법 제정, 1959년 원자력원 출범, 대통령 직속 원자력 위원회 발족, 문교부 원자력과 신설, 원자력 연구소 설립과 트리가 마크Ⅱ TRIGA Mark-Ⅱ 기공식 등을 거치며 1962년에는 한국 최초의 연구용 원자로 트리가가 가동된다. 또한 원자로 특성과 핵물리, 방사선 이용 등 기초연구가 시작되고, 200여 명이 미국으로 원자력 공부를 하러 떠났다.

원전을 최초로 도입한 것은 박정희 대통령 때였다. 1965년 원자력발전계획심의 위원회 설치, 1967년 과학기술처 신설과 함께 원자력원은 원자력청으로 개편된다. 원자력 위원회는 연구개발과 이용의 장기 계획을 심의 의결했다. 1967년에는 60만 kW급 원자로 3기의 건설 계획이 수립되는데, 당시 전력 소비량은 100만 kW였다. 1968년 원자로 노형은 가압경수로로 결정되었다.

1972년 고리 1, 2호기 원전을 도입할 당시의 한국의 원자력 기술과 산업은 글자 그대로 불모지였다. 따라서 해외 모델의 일괄 도급 방식으로 설계, 구매, 제작, 시공 등은 미국의 웨스팅하우스사가 주계약자로 참여한다. 우리 측 시공업체는 보조하며 훈련을

고리 1호기

받는 정도였다. 이후 정부는 원전 설계용역에 참여하는 외국 회사가 국내 회사와 공동 참여하도록 해서 기술 경험을 쌓도록 했다. 1978년 준공된 고리 1호기 가동으로 한국은 세계 21번째 상용 원전 보유국이 되었다.

불모지에서 한국형 표준모델 개발까지

1980년대는 원전 시설 확장과 한국형 원자로 개발 등 기술 자립도를 높인 시기였다. 1982년 국가연구개발사업으로 중수로 핵연료 기술 국산화에 진력한 결과, 1987년 월성 원전의 중수로 핵연료는 국산으로 대체된다. 경수로 핵연료는 1988년 200t 규모의 성형가공 공장에서 공급하게 되어 자립도를 높여갔다.

1984년에는 원전 기술 자립계획 수립에 의해 1995년까지 주요 기술의 95%를 국산화한다는 목표를 세운다. 1989년에 착공해 1995년에 완공된 한빛(영광) 3, 4호기부터는 핵심기술 이전을 의무화해서 기술 자립도를 높인다. 원전 표준화 사업도 원자로 계통, 터빈발전기, 발전설비 건물의 설계와 배치까지 확대된다.

1985년 원자력 연구소는 핵연료 설계와 원자로 계통 설계를 맡아 미국 CE사로부터 기술이전을 받고, 한국전력은 가압경수로형의 한국형 표준 원자로(100만 kW급) 개발에 성공한다. 그 결과 한국 표준원전KSNP의 고유 브랜드로 경제성과 안전성을 높인 한울(울진) 3, 4호기가 각각 1998년과 1999년에 운전에 들어간다. 1989년 한국은 9기의 원자로 가동으로 45% 이상의 전력을 생산하고 있었다.

1994년에는 원전의 폐기물 관리를 위해 국무총리를 위원장으로 방사성폐기물관리사업추진 위원회가 구성된다. 그리고 인천시 옹진군의 굴업도를 처분장 후보지로 지정 고시한다. 그러나 인근 지역에서 활성단층이 발견되면서 지역사회의 반발에 부딪혔고, 사업 계획은 백지화된다. 이후 사업 추진주체를 변경해서, 1996년 한국수력원자력이 방사성 폐기물 관리를 비롯한 한국원자력연구원의 원자로 계통사업, 핵연료 사업을 맡게 된다.

1996년 원자력연구원은 원자력연구개발기금을 신설한다. 원자력법 개정으로 한국전력이 전년도에 생산한 원자력 발전량 kW당 1.2원의 요율로 기금을 자동 적립하도록 했다. 1997년 원자력안전위원회가 신설되고, 1998년 핵물질 사찰을 위한 국가검사 제도를 도입한다. 1990년대 원전은 총 전력의 40%를 공급하고 있었다.

한울 원전 1호기~6호기

2005년에는 원전의 해외 수출을 위한 국제 브랜드로 KSNP를 OPR1000Optimized Power Reactor으로 개명한다. OPR1000은 한울 5, 6, 한빛 5, 6 등의 반복 설계로 개선되고, 국제원자력기구IAEA로부터 안전하다는 평가를 받았다. 이후 OPR1000 개량 모델을 신고리 1, 2호기, 신월성 1, 2호기 등에 도입한다. 또한 북한 KEDO 원전 사업의 노형으로 채택되어 한국 원자로의 국제무대 진출 기록을 세운다.

APR과 APR+ 모델 개발

OPR1000은 다시 안전성, 경제성, 편이성이 향상된 3세대 원자로 APR1400Advanced Power Reactor으로 개량된다. 1992~2001년 국가선도기술 개발과제로 2,300억 원을 투입해 내진설계를 강화하고 계속운전 갱신 기한을 40년에서 60년으로 늘린 1,400MW(메가와트)짜리 신형 경수로가 탄생한 것이다. 이 모델은 설계기준 이상의 지진이 발생하는 경우에 대비해 자동 원자로 정지 설비, 전원상실 대비의 이동형 발전차 배치, 무전원 수소 제거설비, 원자로 외부 비상급수유 설치 등 23건의 다중 안전장치를 보강했다.

APR1400은 2006년 신고리 3, 4호기에 최초로 적용되고, 이후 신한울 1, 2호기, 신고리 5, 6호기, 신한울 3, 4호기 등에 적용되었다. 2009년에는 아랍에미리트로 수출된다. 그리하여 미국, 프랑스, 일본, 러시아, 캐나다에 이어 여섯 번째로 원전 수출국 반열에 오른 것이다. 해외 진출의 성공은 국제적으로 원전 기술력을 인정

받고, 건설 기간이 프랑스가 제시한 58개월보다 10개월이 짧았던 것 등이 유리하게 작용한 결과였다. APR1400은 2017년 유럽사업자요건EUR 인증에 이어, 2018년 미국의 표준설계승인서SDA를 얻었다. 2019년에는 미국 원자력규제 위원회NRC의 최종 설계인증DC을 받았다.

이후 APR-1400의 후속으로 개발된 것이 APR+Advanced Power Reactor Plus(1,500MW)이다. 이 모델은 2007~2014년 진행되어 정부의 표준설계 인가를 얻었다. 국내 연구진이 개발한 수출 선도형 고성능 연료인 HIPERHigh Performance with Efficiency and Reliability를 사용해서 기술 자립도를 더 높였다. 항공기 충돌, 화재 등 돌발적 상황에 대비해 4중 안전설비를 갖추고 격벽의 격리 설계를 도입했다. 또한 모듈형 건설 등 최첨단 공법으로 공사 기간을 36개월로 단축했다. 1970년대 원자력 불모지에서 출발한 한국이 독자적인 원전 모델 개발과 해외 진출 기록을 세워 원전 강국으로 부상한 것은 한국 과학기술의 빛나는 성취이자 자랑스러운 과학기술 유산이 아닐 수 없다.

한반도와 원자력

한국은 핵무기 보유국이 아니면서 북핵문제로 인해 핵 리스크를 안고 사는 지역이 되었다. 1945년 원자탄 투하로 일본이 항복하면서 조선은 해방이 됐으나, 수많은 조선인이 희생되고 피폭 피해를 입었다. 2015년에는 원자탄 투하를 승인한 미국 해리 트루먼Harry Truman 대통령이 그 결정을 후회하는 심경을 술회한 서신이 공개되었다. 트루먼 대통령은 1950년에 발발한 한국전쟁 때 한반도에 원자탄 투하를 검토했었다. 그러나 실행하지는 않았다. 그 배경에 대해 트루먼 대통령의 외손자는 "일본 히로시마와 나가사키의 피해 참상에 큰 충격을 받아 한국전쟁에서 원자탄을 사용하지 않기로 했다."고 증언한 바 있다.

원자탄 개발 이후 가장 중요한 쟁점은 핵무기의 안전한 관리였다. 핵 관리 정책에 한 획을 긋게 된 것은 1970년에 발효된 국제핵확산금지조약NPT, Non Proliferation Treaty이다. 그 골자는 공식적으로 핵무기 보유국으로 인정을 받은 미국, 러시아, 영국, 프랑스, 중국은 장기적으로 핵 군축을 실행하고, 핵 비보유국은 원자력

활동에 철저한 제한을 받는다는 것이었다. 1995년 NPT 조약의 시한은 무기한으로 연장되었다. 가입국은 190개국으로 유엔 회원국 중 인도, 이스라엘, 파키스탄, 남수단이 미가입국이다. 북한은 1985년에 가입했다가 2003년에 탈퇴했다.

1990년대는 한반도를 둘러싼 핵 안보 이슈가 국제 관심사로 부각된 시기였다. 1991년 구소련의 붕괴로 냉전이 종식되자, 그해 미국은 한국에 배치했던 전술 핵무기를 철수한다고 발표했다. 한국은 단독으로 한반도 비핵화 선언을 발표하고, 1992년에는 남북한이 함께 한반도 비핵화 공동선언을 발표했다. 그 내용은 한반도에서 남과 북이 핵무기를 개발하거나 보유하지 않으며 농축이나 재처리 시설을 보유하지 않는다는 것이었다. 이행 여부를 감시하기 위한 남북 핵 통제공동 위원회도 설치되었다.

이후 위원회는 13차례 열렸다. 그러나 북한 측이 한미 팀스피릿 훈련을 빌미로 협상을 거부하고, 1993년 NPT 탈퇴를 선언했다. 이것이 제1차 북핵 위기였다. 1994년 미국과 북한 간의 제네바 기본협정이 서명되면서 위기는 일단락되는 듯했다. 그 과정에서 한반도 비핵화 이행을 위해 북한에 2기의 경수로를 제공하고, 한반도에너지개발기구사업KEDO으로 한국 표준형 원전을 북한에 공급한다는 계약이 체결되었다. 원자력 통제 기술지원을 위해 1994년 원자력 연구소 내에 원자력통제기술센터를 부설하는 등의 조치도 이루어졌다. 여기까지는 북핵 해결의 실마리가 조금씩 풀리는 듯했다.

그러나 2003년 북한의 NPT 탈퇴로 제2차 북핵 위기가 촉발된다. 이 위기를 해결하기 위해 2003~2008년 6자 회담이 가동된다. 2005년 9·19 공동성명, 2007년 2·13 조치 등이 나오면서 한때는 합의되는 듯했다. 그러나 북한은 다시 공동성명을 위반해 핵물질 신고 이행을 위반하고 사찰조차 받지 않았다. 그리고 핵실험을 세 차례 강행하고, 핵무기의 소형화, 경량화, 다종화에 성공했노라고 선언한다. 북한은 21세기에 유일하게 핵실험을 계속했고, 핵전쟁 가능성을 위협하며 모든 핵 관련 합의를 폐기했다.

2004년에는 IAEA의 핵물질 안전조치 추가의정서가 발효된다. 그 조항에 따라 한국은 국제적인 비밀 핵 활동 감시 강화에 동참하게 된다. 그로써 이전에는 국제적 의무가 아니었던 실험 내용을 IAEA에 신고하게 된다. 그 결과 미량의 핵물질 실험 사실이 보고되고 알려지면서 한국이 농축과 재처리를 시도했다는 사실이 공개된다. 이에 한국의 핵무기 개발 의구심이 증폭되면서, 정부는 원자력의 평화적 이용 원칙을 재천명하고, 후속 조치로 국가 핵물질 계량관리 체제를 정비해 원자력 통제부서를 신설하고 한국원자력통제기술원을 설립하게 된다.

북핵문제로 인해 한국은 원자력의 평화적 이용에서도 자유롭지 못하다. 북핵 개발과 얽혀 한국도 핵무기 개발 의도를 의심받는 상황이라, 원전에서 발생하는 사용후핵연료의 최종 관리 정책도 구속을 받는 실정이다. 그래서 한·미원자력협정 개정 때마다 농축과 재처리 항목이 쟁점이 되곤 한다. 그 이유는 고농축 우라늄은 핵폭탄 원료가 되고, 사용후핵연료 재처리에서 핵폭탄 원료가 얻어지기 때문이다. 플루토늄이 혼합된 상태로 얻어지는 사용후핵연료의 건식 파이로 공정pyro-processing 연구개발도 독자적으로는 하지 못하고 한미 공동연구로 함께 간다는 것이 절충안이다.

북핵 위기 해결을 위한 6자 회담은 북핵을 둘러싼 '위기 조성–협상–합의–합의 위반–위기 조성'을 반복하는 결과를 빚었다. 핵보유국임을 인정받고 핵 개발 프로그램을 협상 의제로 삼은 북한의 노림수에 국제사회가 속수무책이 된 것이다. 남과 북의 안보 분야 신뢰 구축과 군비 통제는 논의조차 중단되고, 북핵 문제의 실질적 해법은 성과를 거두지 못했다. 국제협력에 의한 경제제재도 별 효과가 없었다. 한반도 평화를 위해 6자 회담 당사국을 비롯해 국제사회가 얼마나 적극적으로 동참하고 있는지도 불확실하다.

이것이 북핵 문제를 둘러싼 외교 무대의 냉혹한 현실이다. NPT라는 핵무기 관리의 국제질서를 만들었으나 위반에 대해 규제의 실행력을 발휘하지 못하는 무기력한 글로벌 거버넌스가 국제사회의 안타까운 현실이고, 그로 인해 핵은 인류사회의 평화 공존을 위협하는 리스크가 되고 있다. 국내에서는 한국이 독자적으로 북한 핵과 미사일에 대응할 수 있는 선제타격 능력과 미사일 방어 능력을 갖춰야 한다는 주장도 있다. 그러나 '공포의 균형'이 궁극적인 해결 방안이 될 수는 없다.

북핵 문제를 해결하기 위해서는 한반도 평화체제 구축을 위한 남북의 양자 대화 채널은 물론 미·중과의 4자 회담, 남·북미의 3자 회담, 6자 회담, 그리고 EU를 포함하는 더 넓은 범위의 대화 체제 등 여러 트랙의 접근이 필요하다. 지속되는 갈등에도 불구하고 북한과의 군사적 신뢰를 쌓아야 한다는 명제는 여전히 살아있다. 북한의 거듭되는 국제질서 위반과 남북한의 현격한 입장 차이가 있다고 하더라도 한반도 안보에서 한국의 주체적 역할을 찾는 것은 매우 중요하기 때문이다.

2017년 12월 유엔안전보장이사회에서는 세계 평화에 위협이 되는 북한의 핵무기와 탄도 미사일 발사 능력 향상에 관한 대응 방안을 논의했다.

꼭꼭 씹어 생각 정리하기

1. 1953년 아이젠하워 미국 대통령의 '원자력의 평화적 이용'제하의 유엔 연설과 최초의 원자력 상업 발전은 어떤 연관성이 있을까요?

_____

_____

2. 우리나라 원자력 발전의 역사를 생각해 보세요.

_____

_____

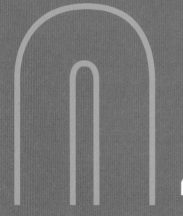

4

원전 사고:

원자력 르네상스
전망으로부터 침체로

1979년 미국 스리마일섬 원전 사고, 1986년 구소련(현재 우크라이나) 체르노빌 원전 사고, 2011년 일본 후쿠시마 원전 사고는 각각 7년과 25년 간격으로 일어나면서 글로벌 원전 산업에 치명타를 입혔다. 이들 원전 사고로 인한 트라우마는 물론 후속 안전성 강화 조치로 인한 비용 상승은 원전 산업 경쟁력을 떨어뜨렸고 원전 산업을 침체기로 빠뜨렸다. 만일 이들 사고가 아니었더라면 원전 산업은 르네상스를 누렸을 것이다. 차세대 원자로도 여러 가지 모델이 개발되었을 것이다. 20세기 후반부터 심화일로의 기후위기와 에너지 안보가 원전 확대에 제동을 걸고 있었기 때문이다.

1979년 미국 스리마일섬 사고

1979년 3월 28일 새벽 4시에 발생한 미국 펜실베이니아주 스리마일섬 원전 사고는 원자로의 냉각장치 파열로 노심 용융이 일어난 사건이었다. 그러나 불행 중 다행으로 가압경수로형 원자로를 둘러싼 1m 두께의 격납용기가 제구실을 해서 방사선 누출은 거의 없었다. 1979년 대통령 위원회 보고서에 따르면, 사고의 발단은 원자로 2호기 증기 응축기에서 폴리셔polisher로 물을 보내는 급수 펌프가 정지하면서 급수 공급이 끊긴 것이었다. 그로 인해 2분 이내로 증기발생기에 들어있던 물은 모두 끓어올라 수증기가 됐고, 원자로 내부는 고열 고압 상태가 되었다.

3월 29일 아침 7시경 비상경보가 발령되고, 이때 미량의 방사성 물질이 유출된다. 계속 유출될 가능성에 대비하여 당국은 임산부와 미취학 어린이들을 대피시키라고 공지한다. 대상은 2만여 명이었으나 실제로는 10만 명이 대피하는 소동이 빚어졌다. 다행히도 사고로 인한 인명피해는 없었다. 방사능 노출 정도는 원자력 규제 위원회가 정한 연간 피폭량(50mSv) 기준보다 낮았다. 그러나 원자로 손상으로 인한 경제적 손실과 방사성 물질의 처리 비용은 컸으며, 안전성 논란이 거세진 계기가 되었다.

　가장 결정적인 타격은 원전 기술과 안전관리에 대한 신뢰가 깨진 것이었다. 관계기관과 NRC의 권위는 실추되고, 운전인력의 안전훈련 부족, 부실경영 등이 도마에 올랐다. 당시 미국 사회는 1950년대 원전 선발국으로, 1973년 석유위기를 겪으며 원자력을 가장 값싸고 깨끗하고 안전한 꿈의 에너지로 여기고 있던 터였다. 그 믿음은 완전히 깨졌고, 미국 같은 최고의 기술 강국이자 원전 종주국에서 원전 사고가 났다는 사실이 글로벌 원전 산업과 기술에 대한 신뢰를 무너뜨렸다.

　스리마일섬 원전 사고는 하필 최악의 원자력 재난 사건을 그린 영화 〈차이나 신드롬China Syndrome〉이 개봉된 지 12일 뒤에 일어나면

1979년 3월 30일 부분 용융 및 방사능 누출이 발생한 지 며칠 지난 스리마일섬 원자력 발전소 모습이다.

서 사태를 더 악화시켰다. 영화는 잭 레먼Jack Lemmon, 마이클 더글러스Michael Douglas, 제인 폰다Jane Fonda가 출연해 인기를 끌었다. 가장 충격적인 대목은 원자로 냉각장치 고장으로 용기가 녹아내려 핵연료가 외부로 누출되는 장면이었다. 과열로 생긴 마그마 덩어리가 땅속으로 침투하여 미국 반대편의 중국까지 도달한다는 내용의 픽션이었다. 실제로 지구본에서 미국의 정반대 편 국가는 중국이 아니다. 그럼에도 미국인들은 허구를 사실이라고 믿었다. 언론도 스리마일섬 원전 사고를 대서특필로 보도했다.

당시 미국 상원의원 존 글렌John Glenn, Jr.은 사고에 대해 과학적으로 설명하고 나섰다. 1962년 2월, 미국인 최초로 프렌드십 7호 우주선으로 지구를 한 바퀴 돈 우주인으로, 그는 존경받는 저명인사였다. 글렌 상원의원은 사고 인근 지역인 펜실베이니아주 해리스버

영화 〈차이나 신드롬〉의 한 장면

그 지역의 방사선 노출량은 50마일 이내 주민 200만 명 기준으로 볼 때 1인당 0.017mSv 정도로 자연 방사선이나 엑스선 촬영으로 노출되는 정도라고 강조했다. 그러나 그의 명성에도 불구하고 사람들은 과장된 소문대로 그 사고로 암 사망자가 발생한다고 믿었다. 사고 나흘 뒤 카터Carter 대통령은 부인과 함께 사고 현장을 찾아 직접 시설을 돌아봤다. 그 장면을 보고 사람들은 안심했다. 카터 자신은 젊은 시절 핵잠수함 프로그램의 원자력 엔지니어였다. 그러나 정치인으로서 그는 "미국은 신규로 원전을 짓지 않을 것"이라고 선언했다. 스리마일섬 사고 당시 미국은 43기의 원자로를 가동하면서, 129기 원자로의 신규 건설 계획을 승인한 상태였다.

1979년 해리스버그의 반핵 운동이 일어나자 그 여파로 사고가 나지 않은 스리마일섬 제1 원자로까지 가동을 중단하고, 1985년까지 세워둔다. TMI-2 사고 원전은 영구 폐쇄된다. 사고 당시 건설되고 있던 53기 원자로는 계속 짓게 하고, 나머지 건설 계획은 취소된다. 사고 원자로와 같은 구조인 원자로 7기는 가동을 중단한다.

미국은 스리마일섬 사고를 계기로 원자력 안전대책을 대폭 강화한다. 원자로 설계의 안전성, 원전 운영 요원의 교육 훈련, 원전 감시 시스템, 사고 보고 체계 등이 보강된다. 원자력 산업계도 원자력안전해석센터, 원자력발전운영협회, 원자력발전상호보험회사를 설치했다. 서독(독일 서부 지역에 있었던 연방 공화국)도 원자로안전 위원회 주도로 개선책을 마련했다. 영국은 교육 훈련과 비상대책을 강화했다. 프랑스도 원자로 운전 규정과 운전 요원의 훈련을 강화하

수천 명의 반핵 시위대가 정부의 원자력 프로그램에 항의하기 위해 주최한 해리스버그 데이 집회를
위해 트라팔가 광장으로 행진하고 있다. 해리스버그 데이는 스리마일섬 원자력 발전소에서 발생한
사고를 기억하기 위한 날이다.

고, 사고와 고장의 해석과 적용 등의 안전대책을 재검토했다. 캐나
다는 캐나다형 중수로 캔두 소유주에게 원자로 설계를 재검토하도
록 했다. 안전 규제 환경 변화로 원전 건설과 운영비용이 올라가게
되면서 경제성은 계속 떨어졌다. 더욱이 민영화 체제에서는 타격이
더 컸다.

1986년 구소련 체르노빌 사고

　　인명피해가 없었던 스리마일섬 원전 사고가 충격을 준 지 7년 만인 1986년 4월 26일 오전 1시경, 현재 우크라이나 지역의 체르노빌 원전 4호기에서 방사능 누출 사고가 터진다. 사고 경위는 전기기사가 원전이 불시 정지했을 때 터빈의 관성을 이용해 전기를 생산할 수 있는지 확인한다면서, 핵분열 제어봉을 제거하고 비상노심 냉각장치를 차단한 채 시험하다가 원자로 노심이 녹아내려 1분도 안 되는 찰나에 두 번의 대폭발이 일어난 것이었다. 관리자들은 운영규칙을 어겼으며, 안전절차도 무시했다. 낙후된 원전 기술과 허술한 관리가 빚어낸 사상 최악의 원자력 재앙이었다.

　　첫 번째 사태는 증기 폭발이었다. 원자로의 핵연료가 외부로 노출되고, 방출된 수소가 외부의 산소와 반응하자 두 번째 폭발이 일어났다. 원전의 지붕은 날아가 버리고, 불에 탄 파편이 튀어 화재로 번졌다. 사고 진압 과정에서 31명의 소방관과 긴급요원이 고준위 이온화 방사능에 노출되어 목숨을 잃었다. 사고를 낸 원자로는 경수를 냉각재로, 흑연을 감속재로 사용하는 RBMK 노형이었

1986년 4월 26일 당시 소련, 현 우크라이나에 위치한 체르노빌 원자력 발전소 폭발 직후 모습이다.

다. 불이 잘 붙는 흑연은 수소 폭발을 더 악화시켰다. 이 원자로에
는 격납용기조차 없었다. 따라서 원자로 4호기의 천장이 폭발로
날아가면서 방사성 물질이 고스란히 누출된 것이었다. 방사성 강
하물은 유럽과 북미지역까지 퍼졌고, 국제 원자력 사고등급INES 최
고치인 7등급을 기록했다.

사고 후 IAEA는 1986년 5월 초, 체르노빌 원전을 현장 방문해
사고를 평가하고 원자력 안전기준을 재검토해 원전 긴급사태에 대
한 지원 체계를 정비했다. 또한 '사고의 조기 통보' 긴급 체제와 '국
제원조'에 관한 조약 체결, 자문과 기술지원 서비스도 강화했다. 방
사선 영향에 대한 유엔과학위원회는 사고의 방사선 영향 평가 결
과를 바탕으로 2011년에 개정 보고서를 발표했다.

체르노빌 사고에 대한 피해 규모는 오랫동안 논란을 빚었다. 사

고 당시 원전 소장은 사고 은폐에 급급했고, 정부는 안일하게 대처했다. 사고 후 인근 지역에서는 갑상선암이 증가하고, 스웨덴에서도 방사능이 검출되었다. 정부 발표로는 사망자 31명, 급성 방사선 피해 입원환자는 203명이었다. 그러나 그 자료를 믿는 사람은 거의 없었다. 발표 기관마다 사고 사망자와 발암 환자의 수치가 제각각이라 더 믿지 못했다. 최대 피해국은 벨라루스로서 방사성 낙진의 60%가 그 땅에 떨어졌다. 그 결과 33만 6,000여 명이 삶의 터전을 버리고 이주해야 했다.

사고 당시 소비에트 연방 대통령이던 미하일 고르바초프는 "폐쇄적이고 탄압적이던 소련을 개방하려던 차에 체르노빌 사건이 극적인 전환점이 되었다."고 말했다. 사고 발생 5년 후 1991년에 구소련 체제는 붕괴했다. 소비에트 연방의 해체는 체르노빌 사고가 예고한 사건이라고 할 수도 있다. 또한 그 사고가 영향을 미친 측면도 있다고 볼 수 있다.

체르노빌 사고로 2001년까지 러시아에서는 사망자 추정치가 6만 명이었다. 2005년 오스트리아에서 열린 '체르노빌 포럼'에서 IAEA, WHO, 유엔, 세계은행과 러시아, 벨라루스, 우크라이나 정부 대표가 피해 규모를 발표했다. IAEA는 암 사망자가 4,000명이라고 했다. 유엔도 방사능 직접 노출에 의한 사망자를 4,000명으로 추산했다. WHO 산하 국제암센터는 사고 이후 60년간 4만 1,000여 명이 암에 걸렸고, 그중 1만 6,000명이 사망할 것으로 추정했다. 그러나 환경단체가 발표한 수치는 훨씬 더 컸다.

2011년 일본 후쿠시마 원전 사고

2011년 3월 11일 2시 48분 일본의 혼슈 지방에 140년 만의 대지진이 발생한다. 다음날 18m 높이의 쓰나미가 닥친다. 센다이 지역에서는 1만 명이 희생되고, 1만 7,000여 명이 행방불명된다. 지진관측소는 즉각 인근 11개 지역의 원전으로 가동 중지 연락을 했고, 후쿠시마 제1 원전도 가동 중지를 했다. 그러나 이튿날 쓰나미가 비상 디젤 발전기를 덮치면서 비상사태로 번진다.

초기의 상황은 지진으로 인해 냉각수 펌프에 공급되는 전기가 끊겨버린 상태였다. 원자로는 전원이 꺼진 후에도 열을 낸다. 비상시 냉각기 가동을 위한 비상 배터리가 장착되어 있었으나 곧 방전되어 버렸다. 그러자 냉각수는 곧 수증기로 변했고, 원자로의 지르칼로이 피복과 화학반응을 일으켜 수소를 발생시켰다. 수소는 가연성이 높다. 운전원은 압력용기와 1차 격납 건물 내부의 수증기 그리고 수소의 압력을 낮추어 폭발을 막겠다는 요량으로 기체를 방출시켰다. 이때 2차 격납 건물로 방출된 수소가 1호기와 3호기에 화재를 일으켰고, 건물에 구멍이 뚫렸다.

2011년 3월 발생한 후쿠시마 원자력 발전소 사고로 수소 폭발이 발생하면서 방사능이 누출되었다.

　그러나 노심이 노출된 것은 아니었다. 사고는 2차 격납 건물에 있는 사용후핵연료 저장 수조에서 터졌다. 4호기의 사용후핵연료 저장 수조는 지진으로 냉각수가 크게 줄어든 상태였다. 사고의 처음 일주일 동안, 원자로 2호기에서는 1차 격납 건물에 장착된 증기 억제 시스템 내부에서 수소 폭발이 일어났다. 비상사태 2주일 동안, 원전 운전원과 자위대는 원자로 노심과 핵연료봉에 해수를 주입하기 위해 소방 호스, 물 대포, 헬리콥터 투하 등을 시도했다. 셋째 주가 되면서, 원자로 3호기의 격납용기에 심한 파손이 확인된다. 후쿠시마 사고는 1기 이상의 원자로가 동시에 심각하게 파손되었다는 점에서 사상 전례 없는 사고였다.

　후쿠시마 3호기 원자로는 플루토늄 산화물과 우라늄 산화물로 구성된 혼합 산화물MOX 연료를 사용하고 있었다. MOX는 우라늄 핵연료보다 더 위험하다. 사람의 피부는 이온화 방사선을 방어하므로 플루토늄이 인체 외부에 있을 때는 안전하다. 그러나 들이마시거나 섭취한 경우에는 매우 위험하다. 공기 중에 잘 퍼지지는 않지만, 플루토늄에서 나오는 알파 방사선은 세포를 파괴하고 신장 등 장기에 치명적인 영향을 끼칠 수 있다. 우라늄 핵연료만 쓰는 경우에도 원자로 내에서 플루토늄이 생성된다. 플루토늄 연료를 쓰면 원자로 수명도 더 빨리 단축된다. 플루토늄 핵분열에서는 우라늄보다 더 많은 중성자가 발생해 원자로 압력용기와 충돌하여 내구성을 떨어뜨리기 때문이다.

후쿠시마 원전의 원자로는 비등수로BWR였다. 6기의 원자로 중 마크I 모델인 제5기에서 가장 심각한 파손이 일어났다. 마크I은 격납용기 구조물이 작아서 비용이 덜 드는 설계로서, 안전 보강을 위해 증기 억제 시스템을 보강한 상태였다. 그러나 증기의 부피가 넘치게 되자 운전원들은 격납용기 파손을 막기 위해 증기를 배출시켰다. 이것이 폭발의 원인이었다.

이런 설계 결함에 대한 지적은 후쿠시마 원전 가동 연도인 1972년부터 있었다. 그러나 이미 널리 보급된 상태라서 재정적 부담 때문에 수용되지 않았다. 1982년에는 격납용기에 방사능 기체를 막을 수 있는 필터 시스템을 장착하라는 제안도 있었다. 그러나 역시 추가 재원 부담으로 시행되지 않았다. 디젤 발전기가 쓰나미에 취약하다는 지적도 이미 있었다. 쓰나미나 홍수에 노출되는 위치에 설치된 데다 방파제 한 개가 6m 이상의 쓰나미를 막지 못할

동일본대지진 발생 이후 밀어닥친 쓰나미가 3월 11일 미야코시 헤이가와만의 방파제 위로 무섭게 밀려들고 있는 모습이다. ⓒ연합뉴스

정도의 높이였기 때문이다.

2011년 3월의 쓰나미는 일본 역사상 가장 강력한 쓰나미로 파고가 18m 이상 치솟았다. 그동안 대규모 지진과 해일에 취약한 지역임에도 경고를 듣지 않았던 것이 화근이었다. 후쿠시마 원전 사고는 국가 원자력 규제기관의 독립성과 권한 행사의 한계가 드러난 사건이었다. 또한 외형상 경쟁 체제인 10개 전력회사가 지역별로 분할 독점 체제로 운영됨으로써 천재지변에 대응할 수 있는 안

전관리 시스템을 갖추지 못했다는 허점을 드러낸 사건이었다.

후쿠시마 사고는 세계 원전 산업 정책에 지각변동을 일으켰다. 독일, 스위스, 벨기에 등 여러 나라가 신규 원전 건설의 모라토리엄을 선언했기 때문이다. 독일은 1990년대에 탈원전을 선언했으나 계획대로 추진하지 못했었다. 그러다가 후쿠시마 사고로 가장 노후화된 7기 원자로 폐쇄를 단행했다. 반면에 중국은 12기 원자로를 신설하는 계획을 그대로 추진했다. 후쿠시마 사고 이후 원전의 안전기준은 재차 강화되고, 자연재해 대응 보호장치 개선 등 비용이 상승하게 된다. 따라서 글로벌 원전 산업의 경제성은 더 떨어졌다. 그리고 사용후핵연료 저장시설에 들어있는 연료의 관리에 대한 안전이 새로운 이슈로 부각되었다.

원전에서의 심각한 사고 발생은 확률적으로는 매우 낮다. 통계상으로는 다른 에너지원에 비해 피해가 가장 적은 것으로 나타난다. 그러나 일단 원전 사고가 발생하면 지역적, 세계적 비상사태로 번진다. 그리고 원자력 특유의 공포 이미지 때문에 사회적 불안이 증폭된다. 눈에 보이지 않는 방사능이 장기간에 걸쳐 광범위하게 확산되고, 그 피해가 암이나 돌연변이를 일으킬 수 있다는 공포 때문이다. 방사능 오염의 피해 범위와 정도에 대한 정확한 데이터를 얻는 것은 어렵고도 까다롭다.

원전 사고에 대한 트라우마는 과학적 사실보다 과장된 공포 이미지가 개입되는 경향이 있다. 예를 들면 1984년 인도 보팔에서 발생한 화학 살충제 공장 폭발사고는 현장에서 2,000명 이상의 사망자를 냈고, 폭발로 인한 대기오염으로 장기간 수만 명이 고통을 겪었다. 그러나 언론 보도 비중과 내용은 원전 사고와는 비교도 되지 않을 정도로 적었다. 보팔 사고의 장기적 영향을 언급한 매체는 없었다. 한편 체르노빌 사고에 대해서는 원전을 '악마와의 거래'라고 표현할 정도였다. 그 배경에는 핵전쟁과 인류의 종말에 대한 우려가 깔려 있기 때문으로 해석된다.

원자력 이미지:
공포의 사회문화적 유전자

　원자력 이미지는 동서양을 가릴 것 없이 사회문화적으로 극단적인 양면성을 띠는 것이 특징이다. 한쪽에서는 원자력 에너지가 에너지 안보를 위한 필수 대안이라고 하고, 다른 쪽에서는 폐기해야 하는 잘못 태어난 기술이라고 대립한다. 특히 원전 사고가 터질 때마다 원자력은 기술 문명의 속죄양이 되곤 했다. 히로시마 원자탄 투하의 피해를 그린 만화 《맨발의 겐》의 저자이자 피폭 피해자인 일본의 나카자와 게이지中澤啓治는 후쿠시마 사고가 난 뒤 "세계 유일의 원자탄 피해국인 일본이 원전 대국의 길을 걸어온 것에 이 사고가 경종을 울린 것"이라고 말했다.

　미국의 스펜서 위어트Spencer R. Weart(《Nuclear Fear: A History of Images》 저자. 1988년)는 원자력에 대한 인식은 과학적 사실보다는 사회, 문화, 역사, 심리적 요인의 영향을 받았고, 따라서 더 뿌리가 깊다고 분석했다. 그 기원은 고대의 연금술까지 거슬러 올라, 빛은 생명과 에너지의 상징으로 물질의 변성을 일으킨다고 믿었다. 영국의 프레더릭 소디Frederick Soddy(1921년 방사성 붕괴에 관한 이론으로 노벨 화학상 수상)는 1908년 "변성을 일으키는 물질을 확보하는 사회는 식량을 얻기 위해 일할 필요도 없고, 사막을 대륙으로 바꿀 수 있고, 얼어붙은 극지방을 녹일 수도 있고, 궁극적으로 전 세계를 에덴동산으로 만들 수 있을 것"이라고 설파했다.

1930년대는 과학기술이 인간사회를 풍요롭게 한다고 믿는 기술만능주의 시대였다. 그 가운데 1938년 핵분열 반응의 성공은 원자력이 세상을 바꿀 것이라는 믿음을 주었다. 어니스트 러더퍼드는 원자물리학 책 제목을 《The Newer Alchemy(보다 새로운 연금술)》이라고 붙였다. 당시의 소설에는 매연을 뿜지 않는 깨끗한 원자력 에너지에 기초한 기술 문명이 그려졌다. 20세기 중반에는 화석연료 고갈에 대한 경고가 나오면서 대체 에너지 개발이 주목을 받으며, 미래의 에너지 대안이 물질 변성의 힘을 가진 원자력이라는 주장이 확산된다.

그런 한편으로 문학작품의 소재로 세계적 대재앙이 자주 등장하면서, 원자력의 파괴적 이미지가 강조되고 있었다. 19세기 메리 셸리Mary Shelley의 《프랑켄슈타인》에서는 과학자가 세상을 위협하는 악한 존재로 묘사된다. 희토류 연구의 선구자인 영국의 윌리엄 크룩스경Sir William Crookes은 "라듐 1온스만 있으면 영국과 프랑스 함대를 수천ft(피트) 상공으로 날려 보낼 수 있다."고 말해서 원자력을 최초로 무기와 연관시킨 과학자였다.

원자력의 상용화 과정에서 젊은 과학자들에게 가장 큰 영향

《해방된 세계》 표지

을 미친 작품은 1913년 출간된 허버트 웰스Herbert G. Wells의 공상과학소설 《The World Set Free(해방된 세계)》였다. 이 책은 '방사성 물질의 연쇄반응이 어떻게 원자탄 개발로 이어지는가?'를 다루면서, 원자력이 만들어내는 아마겟돈과 황금시대를 동시에 그려냈다. 요컨대 핵무기 개발이라는 시행착오를 거쳐 평화적 이용으로 넘어가는 플롯이었다. 이 책은 제1차 세계대전 후 베스트셀러가 되었고, 다음 전쟁에서 승리하려면 과학기술에 적극 투자해야 한다는 메시지를 전했다.

20세기 초 방사능 붐이 중반에는 파멸의 이미지로 바뀌다

20세기 초는 방사선의 의료 효과 발견으로 방사능 붐이 불던 때였다. 마리 퀴리Marie Curie를 비롯한 과학자들이 방사선의 놀라운 효능을 발견하면서 언론은 라듐이 암 등의 질병을 치유할 수 있다고 크게 보도했다. 영화 〈퀴리 부인〉에서 퀴리 부부는 라듐이 인류에게 질병 치료의 희망을 줄 것이라고 했다. 방사선 치료에 관심이 집중된 1920년대 말, 유럽의 약전藥典에는 활성 성분이 방사능을 띠는 약이 80개가 수록되었다.

그러나 X선의 노출로 구토, 설사, 일시적 탈모 등의 부작용이 알려지기 시작하고 발암까지 생기면서 방사선에 대한 두려움도 생겨난다. 1920년대 후반에는 우라늄 광산에서 광원들이 폐암으로 죽는 원인이 방사능 탓으로 밝혀진다. 그러나 피해 사례는 소수였으므로 방사선에 의한 질병 치료의 새로운 길을 택하게 된다. 아울러 부작용

퀴리 부부는 방사성 원소인 폴로늄과 라듐 발견 공로로 1903년 노벨 물리학상을 받았다.

피해를 줄이기 위한 방사선 이용의 안전규칙을 강화한다. 1927년에는 허먼 멀러Hermann J. Muller(1949년 노벨 생리의학상 수상)가 파리에 강한 X선을 쐬어 유전자 돌연변이를 일으키는 실험을 한다. 이 실험으로 빛이 생명체를 변형시킬 수 있다는 사실이 확인된다. 이즈음 과학소설과 잡지에는 빛을 이용해 괴물이나 초능력 인간을 창조하는 이야기가 넘쳐나게 된다.

1938년 핵분열 반응에 성공했다는 소식이 퍼지기 시작하자, 과학자들은 언론에 우라늄 실험이 지구를 날려 버릴 수도 있다는 시나리오를 발표했다. 1939년 미국이 우라늄 위원회를 출범시킬 무렵, 언론은 독일이 먼저 원자탄을 손에 쥐게 될 경우의 끔찍

한 상황에 대해 연일 기사를 썼다. SF의 거장 로버트 하인라인Robert Heinlein의 1940년 소설 《Blowups Happen(폭발이 일어날 때)》는 우라늄 공장 이야기를 소재로 비행기가 도시에 방사성 낙진을 뿌려 재앙을 일으키는 장면을 그렸다.

맨해튼 프로젝트의 원자탄 제조 시설은 대도시를 피해서 아르곤, 오크리지, 핸퍼드 등 외딴 지역에 건설된다. 당시의 연구개발 과정에서는 과학자들이 위험성에 대해 잘 몰랐으므로 안전조치 미비로 방사성 동위원소에 노출되기도 했다. 과학자들은 첨단무기의 현대전이 대량 살상을 초래할 수 있음을 느끼고는 있었다. 그러나 독일과 일본의 전쟁 만행을 보도하는 뉴스에 자극받아 핵폭탄 사용의 당위성을 받아들이고, 원자탄이 개발되어야 전쟁이 끝날 것이라고 믿게 된다.

1945년 7월, 원자탄 실험에 성공한 뒤, 국방부는 8월에 2개의 원자탄을 일본에 투하하는 일정을 잡았다. 시카고 그룹은 원자탄 투하를 반대하고 나섰다. 시카고 대학의 콤프턴 연구실 팀은 핸퍼드 공장에서의 원자로 건설을 성공시킨 뒤 《해방된 세계》를 읽었다. 그리고 원자탄 투하로 대량 살상이 일어나고 세계가 원자탄으로부터 해방될 수 없을 것이라는 우려를 하게 된다. 그들은 미국 정부에 원자탄의 폐기를 청원했지만 그런 노력은 허사였다.

원자탄은 일본을 항복시켰다. 그러나 원자력의 공포 이미지가 현실화된 참혹한 실상은 믿기 어려웠다. 짐작할 수 있듯이 원자력의 공포 이미지는 1945년 8월 원자탄 투하로 절정에 달한다. 히로시마로부터의 사진과 뉴스, 영화가 보여준 피해의 참상에 사람들은 할 말을 잃었다. 원자탄 투하 후 여론조사 결과, 미국인의 4분의 1 이상이 원자탄으로 언젠가 지구가 파멸할 것이라고 우려한다고 답했다. 1946년 8월에 발간된 존 허시John Hersey의 《HIROSHIMA(히로시마)》는 저자가 전쟁 통신원으로 참전한 경험담이었다. 이 책은 히로시마에 투하된 원자폭탄 생존자의 이야기로 미국에서 베스트셀러가 되고 청소년 필독서가 되었다. 독자들은 피폭 피해를 간접 경험하면서, 원자탄이 처참하게 죽인 것이 적이 아니라 자신과 같은 사람이라는 충격에 아연실색했다.

제2차 세계대전 종전 직후 시카고 그룹의 과학자들은 원자력과학자연맹(후에 미국과학자연맹 FAS로 개칭)을 결성하고, 다시는 핵폭탄을 써서는 안 된다는 반핵 운동에 나선다. 로버트 오펜하이머도 영입했다. 그들은 이 세상을 핵무기의 파멸로부터 구하기 위해서는 모든 국가가 원자력 주권을 포기하고, 원자력 에너지를 국제통제에 두어야 한다고 역설했다. 원자력 시설을 감시하는 국제조직을 창설해 과학자들이 참여할 것을 제안했다. 그러나 그활동의 영향력은 크지 않았고, 이렇다 할 사회적 지지를 얻지

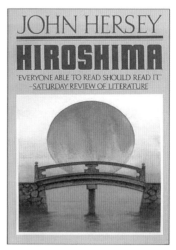

존 허시의 《히로시마》

도 못했다. 결정적인 장벽은 구소련의 반대였다. 러시아 사회는 원자력 정보의 완전 통제로 핵무기에 대한 공포도 별로 절실하지 않았다.

핵무기 반대 운동이 가장 활발했던 국가는 미국이었다. 1950년에는 무고한 시민을 대량 살상하는 가공할만한 파괴력의 핵무기를 폐기해야 한다는 스톡홀름 청원이 제출된다. 첫 서명자는 최초의 원자로를 제작한 프랑스의 장 프레데리크 졸리오 퀴리Jean Frédéric Joliot-Curie였다. 과학계를 비롯한 좌파 인사들이 대거 동참한 이 운동에서 국제 공산당은 길거리 서명운동을 벌였고, 이는 점차 반미 反美 캠페인으로 바뀐다.

미국 의회는 핵무기로부터의 안전을 위해서는 철저한 통제가 불가피하다는 방향으로 움직였다. 합동 위원회에 정보관리 특권을 부여하고, 원자력 정보의 비밀 유지로 가닥을 잡았다. 순수 연구라고 하더라도 그 결과를 누설하는 경우에는 처벌 대상으로 했다. 실제로 과학자들은 조사를 받고 수감되기도 했다. 그 결과 자유와 인권을 존중한다는 민주국가 미국에서 원자력 분야는 '사회주의 섬'이 되었다는 비판을 받았다.

원자력 정보 통제가 합리화된 배경에는 미소의 냉전체제가 큰 영향을 미쳤다. 이 시절의 소설, 영화, TV는 온통 군사 기밀과 스파이 스토리 일색이었다. 1945년 종전 후 구소련이 원자폭탄 실험을 한다는 소문이 돌기 시작하자 서방 선진국은 1949년 말 국가 방어 전략 수립에 나섰다. 트루먼 대통령은 연방 민방위청을 창설

1954년 3월 비키니 환초에서 이루어진 미국 최초의 수소폭탄 실험. 암호명 '캐슬 브라보'인 이 실험의 목적은 수소폭탄 크기를 줄여서 폭격기에 운반 가능한 크기로 만드는 것이었다.

하고, 언론에는 원자력 민방위 보도가 넘쳐난다. 각급 학교에서도 민방위 훈련을 실시했다.

원자력 이미지를 더 악화시킨 것은 수소폭탄 실험이었다. 1954년 3월, 태평양 마셜제도의 비키니섬에서 진행된 수소폭탄 브라보 실험에서는 방사성 낙진이 185km 떨어진 산호섬까지 퍼져갔다. 주민들은 긴급대피를 하는 소동이 벌어졌다. 이때 과학자들은 수소폭탄의 방사성 낙진이 전 국토를 황폐화할 수 있다고 경고했다. 그러나 사회적 동요를 우려해 그런 경고 내용은 공개되지 않았다. 1954년 실시된 수소폭탄 실험을 다룬 〈아이비 작전〉이 TV에서 방영되면서 사람들은 '수소폭탄 하나가 원자폭탄 1,000개보다 더 폭발력이 강하다'는 사실을 접하고 경악한다.

수소폭탄 개발은 핵전쟁이 세상의 종말을 가져올 수 있다는 공포를 각인시켰다. 네빌 슈트 노르웨이Nevil Shute Norway의 1957년 《ON THE BEACH(해변에서)》는 제3차 세계대전에서 핵무기로 인해 세계가 파멸을 맞는 플롯의 소설이었다. 40여 개 신문에 연재된 이 작품은 1959년 그레고리 펙Gregory Peck과 에바 가드너Ava Gardner주연으로 영화화되어 관객에게 큰 충격을 주었다. 핵전쟁의 참상은 그대로 원자력의 이미지로 굳어지면서 이후 핵무기 반대 운동과 반전 운동에 불을 지피게 된다.

핵전쟁에 대한 공포가 증폭되는 가운데, 사람들의 반응은 두 가지 양상으로 나타났다. 핵무기의 공포에서 벗어나는 길은 핵무기를 폐기하는 것이라는 생각과 심리적 회피 반응의 두 가지였다. 바로 이 무렵 원자력의 평화적 이용에 대한 움직임이 가시화되고 있었다. 아이젠하워 행정부는 공산주의를 저지하기 위해서는 국민이 심리적 평화를 느끼는 것이 무기 제조만큼 중요하다고 판단한다. 훗날 국제원자력 위원회 사무총장이 된 윌리엄 콜William Cole은 대통령에게 "세계는 원자력을 평화적으로 이용할 준비가 되어 있다"면서, 동맹국과 함께 국민을 위한 원자력 산업을 일으켜야 한다고 건의했다.

1953년 12월, 아이젠하워 대통령은 죽음보다는 삶을 위한 에너지를 개발하기 위한 IAEA 설립을 제안한다. 이 제안은 세계적인 반향을 불러일으키며 실행에 옮겨진다. 에너지 위기에 대한 우려와 선진국의 전기 수요 급증이라는 현실적 요구와도 맞물렸다. 그 결과 원자력은 가장 경제적인 에너지로 부상하게 된다. 1950년대 미국 경제계는 의회에 원자력 산업을 적극 지원할 것을 요구하고, 미국은 세계 원자력 산업의 선도국이 된다. 그 과정에서 원자력 산업은 극소수 원자력 전문가와 언론, 정부, 경제계 소수의 전유물이 되었고, 이른바 엘리트주의와 밀실행정은 '원자력 카르텔'이라는 비난을 받기도 했다.

원자력 정책은 초기부터 정치적 성격이 강한 것이 특징이었다. 미국이 원자력 산업을 선택한 것도 구소련이 원전 시장을 선점할 것을 우려한 대통령 자문위원들의 권고에 따른 결정이었다. 원자력 공공사업 추진이 냉전시대의 승부수가 될 것이라고 보았고, 전기료가 비싼 유럽 등이 원전 산업 시장이 될 수 있다는 계산도 깔려 있었다.

앞에서도 다루었지만 미국은 빈곤과 공산주의로부터 세계를 지킬 수 있다는 명분을 내걸고 원자력 기술의 해외 진출에 주력한다. 그 원칙은 원자력 관리에 대한 감시를 수용하는 것을 전제로 어느 나라든 원자로를 제공한다는 것이었다. 그 결과 1957년 말 23기의 소형 연구용 원자로가 해외에 건설되고, 49개국과 원자력 협력 상호조약이 체결된다.

1950년대 반전·반핵 운동

핵무기 반대 운동은 핵탄두 미사일의 개발에서 본격화된다. 진보적 지성인과 평화주의자들 주도로 1957년 11월 군축과 반핵 운동이 일어난다. 1958년 영국 런던에서는 80km 떨어진 원자탄 제조공장까지 1만여 명의 시민이 나흘간 3km의 행렬을 이어갔다. 이후 세계 곳곳으로 원자탄의 피해 참상을 알리는 운동이 전개된다.

20세기 핵전쟁 공포는 1961년에 최고조에 달했다. 1961년 7월, 구소련의 니키타 흐루쇼프Nikita Sergeevich Khrushchyov 서기장이 서베를린의 서방 연합군에게 철수하라는 최후통첩을 하고, 이에 케네디 대통령이 어떠한 대응도 불사한다고 맞섰던 때였다. 미국은 원자탄 대피소를 설치했고, 영화와 소설에서도 이런 소재가 단골이었다.

1962년 10월, 쿠바 미사일 위기 때 핵전쟁 위기는 다시 재연된다. 케네디 대통령이 TV에 출연해 지금 구소련의 미사일이 쿠바로 이송되고 있다, 이를 즉각 철수시키지 않는다면 가차 없이 공격하겠다고 선언했을 때였다. 이 일촉즉발의 위기는 구소련의 미사일 철수로 일단 마무리된다.

최근 2022년 러시아의 우크라이나 침공에서는 핵무기를 쓸 수 있다는 핵 공포가 재연되고 있다. 설마하다가 어떻게 될지 알 수 없는 상황이다. 2021년에 출간된 《Nuclear Folly: A History of The Cuban Missile Crisis(핵전쟁 위기)》(하버드 대학 교수 세르히 플로히Serhii Plokhy 저)에서는 1962년 케네디와 흐루쇼프가 핵전쟁을 피해 갔던 이유는 두 지도자가 '히로시마'와 '나가사키'를 경험한 세대로서 냉전시대 수소폭탄 실험으로 핵무기의 끔찍한 파괴력을 실감했던 세대였기 때문이라고 분석했다. 즉 핵전쟁의 파국이라는 극단적 최후를 예상했기 때문에 피해 갔다는 것이다.

20세기 핵전쟁을 피할 수 있었던 것은 양 진영의 지도자가 공유한 핵무기에 대해 지닌 공포 때문이었다면, 오늘날의 정치 지도자들은 어떨까? 케네디와 흐루쇼프가 느꼈던 위기감을 공유하고 있을까. '공포의 균형'을 믿고 '핵은 핵으로 막을 수 있다'는 주장을 믿는 건 아닐까. 그렇다면 기후위기로 인한 복합위기 상황에서 핵 공포를 계속 키우는 것이나 다름없다. 미국과 러시아가 냉전시대에도 지켜오던 1987년 체결의 '중거리 핵전력 조약'은 2019년에 폐기되었다. 유엔안전보장이사회는 NPT의 명백한 위반 행위에 대해 대책 없이 무기력하다. 그러다 보니 핵무기에 대한 국제사회의 관리능력 부재에 대한 우려가 갈수록 커진다.

핵폭탄이 지구상에 남은 채로 세월은 흘렀다. 1945년 이후 내

내 핵전쟁 공포, 수소폭탄 개발, 방사성 낙진, 방사능 괴물, 반핵운동 등으로 오랜 세월 거듭해서 충격에 빠지면서, 사람들은 마치 '양치기 소년'에 나오는 마을 사람들처럼 반응이 둔감해졌다. 이런 유형의 사회적 무관심이나 위협을 무시하는 무의식적 반응은 지속적인 공포에 대한 심리적인 방어 메커니즘이기도 하다. 공포 영화를 보면서 두 손으로 얼굴을 가리듯이, 사람들은 핵전쟁의 공포와 마주하기를 회피하게 되었다.

그러나 회피한다고 문제가 해결되는 것은 아니었다. 일반 대중의 심리는 점차로 원자력 관리 행정체계와 조직, 그들의 안전관리에 대한 신뢰에서 멀어져 갔다. 그리고 고도의 기술사회에서의 권력의 통제에 대한 저항의식으로 발전하면서 배척운동으로 나타나게 되었다. 1960년대 이후 원전에 대한 찬성과 반대의 대결 구도가 뚜렷해진다. 찬반 논리와 표현 방식도 서로 대립했고, 상대측에 대한 비방도 심해졌다.

1959년에는 제3차 세계대전의 핵전쟁으로 파멸되는 세상을 그린 그레고리 펙과 에바 가드너 주연의 영화 〈해변에서〉가 공포를 실감 나게 했다. 영화 〈플래시 고든〉 시리즈, 〈제임스 본드〉 시리즈에서는 근로자들을 지배하는 사악한 기술자들이 등장하고, 때로는 원전의 소유주도 등장한다. 이들 작품은 기술이 자연 파괴에 이용되고 있다는 반핵론자들의 주장에 힘을 실어주었다.

1970년대 중반 반핵론자들은 원전 산업뿐 아니라 사회적 계급 구조와 기술에 대항하는 것이라면서 근본적 해결을 위한 사회개혁을 주장하게 된다. 한편 친원자력 측의 보수 진영은 기존 체제를 고수해야 하고 신기술을 확대시켜야 한다고 맞섰다. 1974년 미국에서는 카렌 실크우드Karen Silkwood 사건이 발생한다. 오클라호마주의 한 원전에서 일하다가 방사능으로 질병을 얻은 카렌은 노동조합의 일원으로 플루토늄의 부적절한

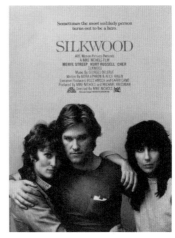

1974년 발생한 실화를 그린 영화 〈실크우드〉

취급 실태를 추적하다가 자동차 사고로 죽는다. 그런데 그 죽음이 회사 간부들에 의한 살인일 것이라는 추측이 나돌면서, 1983년 메릴 스트립Meryl Streep 주연의 동명 영화에서 묘사된 험악한 장면들이 반핵 운동 지지자들의 분노를 샀다.

당초 반핵 운동은 핵무기에 대한 반대 운동이었다. 그러다가 차츰 원전 산업을 둘러싼 친핵과 반핵의 대결 구도로 바뀌게 된다. 친핵과 반핵의 활동은 이성 대 감성이라는 이분법적 특성으로 대립했다. 효율성과 합리성 대 직관과 감성과의 대결이기도 했다. 친핵 측은 안전기준의 통계적 수치를 강조했고, 반핵 측은 원자력의 잠재적 위험과 재앙을 강조했다. 사물 판단의 기준이 양극단으로 갈라져 내내 평행선을 긋고 있었다.

원자력 찬반 진영의 의사 표현 방식에도 차이가 컸다. 친핵 측

은 과학적 사실, 통계수치, 차트로 정보를 제공했고, 호소력이 약했다. 반면 반핵 운동가들은 감성적 구호와 슬로건, 노래, 풍자물로 호소했다. 그들은 핵폭탄과 원자로를 동일시하는 방식을 이용했다. 미디어도 기술적 이슈보다는 스토리에 초점을 맞추었다. 대중은 차가운 이성의 언어보다는 감성의 언어에 마음을 열었다.

스리마일섬과 체르노빌의 두 차례 원전 사고로 인해 극도로 악화된 원자력 공포는 1990년대를 넘기며 서서히 수그러든다. 그리고 부정적 인식이 심리적으로 내재된 채 원자력의 이용을 수동적으로 받아들이는 상태가 된다. 그러던 차에 다시 2011년 후쿠시마 사고가 발생했다. 사고가 날 때마다 안전 규제 조치를 강화하면서 원전 비용은 올라가고 있었다. 세 차례 원전 사고를 겪을 때마다 글로벌 원전 산업은 침체의 수렁으로 빠졌다.

1. 1979년 미국의 스리마일섬 사고, 1986년 구소련의 체르노빌
   사고, 2011년 일본 후쿠시마 원전 사고가 원자력 발전에 미친
   영향은 무엇일까요?

2. 원자폭탄 투하와 수소폭탄 실험이 원자력 이미지에 미친 영향은
   무엇일까요??

3. 1950년대 반핵 운동이 원자력 산업에 미친 영향은 무엇일까요?

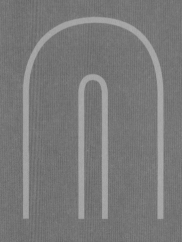

5

원전 정책의
변화와 산업 동향

2021년 기준 세계에서 가동되고 있는 원자로는 약 440기이고, 발전 비중은 총수요 전력의 10% 정도이다. 당초 원전은 기술 수준이 높은 선진 경제권과 동구권의 일부 국가에서 건설되었다. 그러나 최근에는 선진국의 원전 발전량은 감소하고 개도국에서는 확장되는 경향을 보이고 있다. 특히 중국, 인도 등 신흥 경제대국의 증가세가 뚜렷하다. 원전 보유 정도에 영향을 미치는 변수는 기술력, 에너지 해외 의존도, 대체 에너지원 존재 여부, 국가별 1인당 GDP, 경제성장률, 인구밀도, 인구 증가율, 1인당 에너지 소비, 산업구조 특성 등 다양하다.

국가별 원전 운영현황

전 세계 원자로 숫자는 2011년 일본의 후쿠시마 원전 사고 이후 축소되었다가 최근 들어 아주 소폭 상승한 것을 알 수 있다. 이

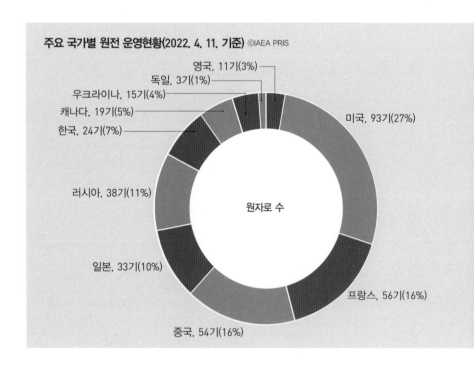

주요 국가별 원전 운영현황(2022. 4. 11. 기준) ©IAEA PRIS

- 영국, 11기(3%)
- 독일, 3기(1%)
- 우크라이나, 15기(4%)
- 캐나다, 19기(5%)
- 한국, 24기(7%)
- 미국, 93기(27%)
- 러시아, 38기(11%)
- 원자로 수
- 일본, 33기(10%)
- 프랑스, 56기(16%)
- 중국, 54기(16%)

상승한 부분은 중국의 원자력 발전소 신규 건설에 따른 것이다.

원자력 발전소 건설은 1950년대 시작되었다. 선발 국가는 러시아(1954년), 영국(1956년), 미국(1958년), 프랑스(1959년)였다. 1960년대에는 캐나다(1962년), 독일(1962년), 벨기에(1962년), 스웨덴(1964년), 일본(1965년), 스위스(1969년), 스페인(1969년), 네덜란드(1969년)가 합류했다. 1970년대에는 슬로바키아(1972년), 파키스탄(1972년), 인도(1973년), 불가리아(1974년), 아르헨티나(1974년), 핀란드(1977년), 아르메니아(1977년), 한국(1978년), 우크라이나(1978년)가 원전을 도입했다. 가장 최근에 원전을 가동한 국가는 UAE로 2021년부터 한국이 건설한 원

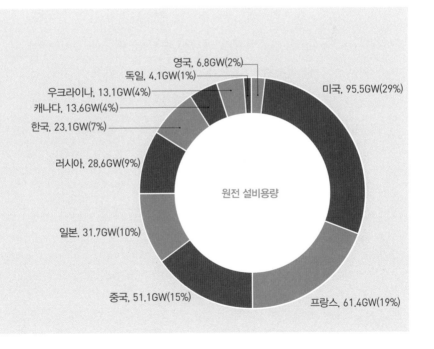

자로 1기를 가동하고 있다.

2022년 기준, 원자력 발전량에서 4대 강국은 미국(92기), 중국 (55기), 프랑스(56기), 러시아(37기)이다. 그 뒤를 한국(24기), 캐나다(19 기), 우크라이나(15기), 독일(3기), 일본(33기), 스페인(7기), 스웨덴(6기), 벨기에(7기), 영국(9기)이 잇고 있다. 한편 전력생산에서 원자력 발전 비중이 높은 국가는 2022년 기준 프랑스(70%)가 단연 1위이다. 미국(19%)과 러시아(20%)의 원전 비중은 20% 수준이다. 중국(5%)은 원전 확대 속도는 가장 앞섰으나 원전 비중은 아직 매우 낮다.

원전 가동국 중 에너지 해외 의존도가 높은 국가는 일본(93%), 한국(81%), 벨기에(80%), 스페인(71%), 아르메니아(71%), 독일(61%), 슬로바키아(61%), 헝가리(58%), 스위스(50%), 핀란드(45%) 등의 순이다. 원전을 가동하고 있는 국가의 에너지 수출량 비중은 UAE(84%), 러시아(84%), 캐나다(73%), 이란(33%) 등의 순이다. 원전 가동국 중 인구밀도가 높은 국가 순위는 한국(단위 면적당 512명), 인도(428명), 네덜란드(411명), 벨기에 (382명), 일본(332명), 영국(282명) 등이다.

세계 원전 가동국의 정책 변화의 발자취를 살피면, 원전을 택한 이유와 버린 이유, 그리고 그 선택에 따르는 대가와 보상에 대해 실증적으로 이해할 수 있다. 원전 정책은 국가별 에너지 여건과 경제발전 단계, 기술 수준, 원전 사고의 영향, 사회적 수용성, 정치적 성향 등 수많은 변수의 총체적 작용으로 결정되는 것이므로 모든 국가에 공통으로 적용되는 규칙은 없다.

국가별 원전 정책의 변화

미국

미국은 1958년 최초로 본격적인 원자력 상업 발전을 시작한 최대의 원자력 대국이자 최대 에너지 소비국이다. 2020년 기준, 93기의 원자로 가동으로 총 전력의 20%를 얻고 있다. 원전을 신규 건설하지 않고서도 지난 15년간 원전 운영 효율을 획기적으로 개선해서 1000MW짜리 원자로 19기 건설에 맞먹는 성과를 거둔 것이 특기할만하다.

조지 W. 부시 행정부(2001~2009년)는 적극적인 원전 진흥 정책을 폈다. 2002년에는 에너지 해외 의존도 저감과 기후변화 대응을 목표로 '원자력 2010' 계획을 수립해 원전 부지 관련 규제와 절차를 간소화했다. 2005년에는 신규 원전 건설을 촉진하기 위해 법을 제정했다. 또한 초창기의 프라이스-앤더슨 법을 연장해서 원전 사고가 발생하는 경우 손해 배상액의 대부분을 연방 정부가 부담하도록 했다. 그러나 오바마 행정부(2009~2017년)는 2009년 프라하에서 핵 비확산 의지를 표명하고 신규 원전 건설 계획을 변경했다. 사용후핵연료 처리를 위해 어렵게 성사된 유카 마운틴 프로젝트도 예산을 삭감했다. 이미 추진되고 있던 원자력 수소 이니셔티브와 제4세대 원자력 시스템 이니셔티브 등 국제협력 프로그램 예산도 삭감되었다. 그리고는 원전 정책 재검토를 위해 블루리본 위원회를 설립했다. 한편 2009년 하원 에너지통상 위원회는 온실가스 배출 제한과 배출권 거래 관련 법안을 통과시켜 원전에 힘을 실어주었다.

2011년 후쿠시마 원전 사고 후에는 원전 신규 건설 부지에 대해서 재검토하되 기존의 원전 건설사업은 그대로 유지해서 원자력 비중을 높이기로 했다. 미국의 원전 산업은 1979년 스리마일섬 원전 사고의 여파로 2012년에 신규 건설 인허가가 나왔고 공사는 2016년에 완료되었다. 미국의 원자로 기수는 2012년에 최고치인 102기를 기록했고, 이후 감소세를 보이고 있다. 그 배경으로는 천연가스 가격 하락, 시장 자유화, 재생 에너지 보조 확대, 정치적 캠페인 등이 작용했다. 원자력 이외의 에너지원이 충분하고, 민영화된 원전 산업 구조상 사업의 불확실성 등 장기 투자 전망이 불투명하기 때문이다.

미국은 원전 반대 여론이 별로 높지 않은 것이 특징이다. 1979년 스리마일섬 사고 이후 한때 반대 여론이 우세했으나 다시 돌아섰다. 1986년 체르노빌 사고 때도 일시적으로 반대 여론이 높았을 뿐이다. 2011년 후쿠시마 원전 사고 이후에도 다른 나라에 비해 원전에 우호적이었다. 2022년 로이터와 컨설팅 회사 입소스의 설문조사 결과에 의하면, 미국 국민의 45%가 원전을 지지하고 있는 것으로 나타났다. 미국의 친원전 여론의 배경은 원자력 선도국가로서 기술 표준화와 규격화에 앞서가고, 원전 운영의 노하우와 관행에서 안전절차와 규칙을 철저히 지킨다는 신뢰가 있기 때문으로 풀이된다.

2021년 12월, 바이든 대통령은 2050년 탄소중립 달성을 위한 행정명령에 서명하고, 원자력을 탈탄소 전력에 포함시켰다. 구글 등 일부 기업이 전력수요의 100%를 재생 에너지로 전환한다는 RERenewable Energy100에 원자력을 추가해 CEClean Energy100으로 바꾼 것이 눈에 띈다. 미국의 원자력 전략 비전은 우리에게도 시사적이다. 원전의 경제성 악화와 설계수명 만료로 인한 경쟁력 약화를 극복하고 원자력 리더십을 유지하는 것을 목표로 기존 대형 원전의 계속운전 유지, 차세대 원자로 실증, 차세대 연료주기 개발을 추진하고 있다. 최근 테라파워의 나트륨 프로젝트, X-에너지의 수소 생산 초소형 상업로 개발, 뉴스케일의 SMR 프로젝트 등이 주목을 받고 있다.

프랑스

프랑스는 2020년 기준 원자로 56기 보유로 미국 다음의 원자로 2위 대국이다. 원자력 발전량 기준으로는 미국, 중국(51기) 다음으로 세계 3위이다. 원자력 전기 비중으로는 71%로 세계 1위이다. 현재 1,750MW EPR 1기를 건설하고 있다. 2015년 에너지 계획에서는 원전 비중을 2025년까지 50%로 줄일 예정이었지만 2035년으로 늦춰졌다. 프랑스 에너지 장관은 원자력 전기 50%라는 목표를 추진하는 것은 이산화탄소 배출 증가와 에너지 안보위협으로 노동시장을 위태롭게 할 것이라고 경고했다.

프랑스의 원전 산업 환경은 특이하다. 1973년 오일쇼크 이후 국민적 공감대를 기반으로 '원자력 올인 정책'의 전통을 세웠기 때문이다. 그 정책에 힘입어 생산 전력의 15%를 유럽 국가에 수출할 수 있었다. 경제적 효과는 연간 30억 유로의 수익과 10만 명의 고용 창출이었다. 1986년 체르노빌 원전 사고 때도 국내 신규 원전의 건설 중단으로 번지지 않을 정도로 친원전 정책을 유지했다.

프랑스는 원전 산업의 효율화 체계를 구축했다. 노형은 가압경수로(PWR)로 일원화하고 표준화해서 공사 기간과 건설 비용을 낮추었다. 2001년에는 다국적 거대기업 아레바로 통합하는 원전 산업 구조조정을 단행했다. 원자로 건설부터 사용후핵연료 처리까지 핵 주기 전 과정을 최대 전문기업이 다루도록 하는 효율화에 의해 원자력 선도국의 위상을 굳힌 것이다. 2004년에는 신에너지 법안 제정으로 가동 중인 원전의 운영 수명을 30년에서 40년으로 연장하는 등의 조치로 유럽에서 가장 값싸게 전기를 생산하는 국가가 되었다.

프랑스는 원자로 기술혁신에서도 앞서갔다. 수출과 노후 원전 대체용으로 아레바가 개발한 제3세대 개량형 가압경수로EPR는 기대를 모았다. EPR은 1992년부터 프라마톰과 지멘스가 프랑스 전력공사EDF와 독일 주요 전력회사의 합작으로 개발했고, 2003년에는 핀란드와의 계약도 성공했다. 개발사 측은 핵연료 17% 절감에 운전 수명 60년 달성, 안전성 강화와 방사성 폐기물 발생 감축을 실현했다고 홍보했다. 이런 내용에 고무되어 EPR은 '원자력 르네상스'의 기술적 상징으로 부상하고 있었다. 그러나 실제로는 건설과정에서 갖가지 결함이 불거졌고, 완공이 계속 지연되면서 당초 수주 가격 30억 유로가 100억 유로로 상승했다. 결국 아레바는 2010년대 이후 막대한 적자를 내고 정부 지원으로 원자로 사업을 EDF에 넘기는 우여곡절을 겪었다.

2012년 대선에서 올랑드François Hollande 대통령은 원자력 비중을 75%에서 50%로 낮추고 재생 에너지의 비중을 높인다는 공약을 발표한다. 그런 상황에서 2014년 EPR 관련 악재가 또 터진다. 플라망빌 EPR 원전 3호기의 부품이 고압에서 급격히 파손될 수 있음이 확인된 것이다. 게다가 이들 불량 부품이 장기간 해외에까지 널리 공급되었다는 조사 결과까지 나온다. 그리하여 2010년대 후반 원전의 증기발생기 가동 허가서 발급이 취소되고, 해당 원전들의 가동이 중단되는 사태로 번진다.

이 사건으로 프랑스 원전 산업에 대한 신뢰가 크게 실추된다. EDF는 국내는 물론 해외 사업에서의 부채 급증으로 신용등급이 하락했고, 원자로의 건설 비용은 급격히 상승했다. 아레바의 87% 지분은 프랑스 정부 몫이고, EDF의 85% 지분도 정부 몫이다. 결국 정부가 막대한 세금을 투입하게 되면서, 프랑스 원전 산업은 건설비 경쟁력에서 러시아, 중국, 한국 등에 밀리게 되었다.

이렇듯 침체를 겪던 프랑스 원전 산업은 2022년 2월 마크롱 Emmanuel Macron 대통령의 원자력 확대 계획 발표로 전환기를 맞고 있다. 재선에 성공한 그는 원자력 부활 정책을 강조하며 2050년까지 신규 원자로 6기를 건설하고, 이후 8기를 추가로 건설한다는 계획을 추진하고 있다. 신규 EPR2 공사는 2028년에 시작해 2035년 가동에 들어간다는 일정이다. 이울러 2050년까지 태양광 발전 용량도 10배 늘리고, 해상풍력 발전소를 50개 이상 건설한다는 계획이다. 2018년 취임 초에는 2035년까지 원전 비중을 50%로 낮추겠다고 했던 마크롱 대통령이 2050년 넷제로 달성을 위해서는 원전 확대가 불가피하다고 정책 기조를 바꾼 것이다.

러시아

러시아는 2020년 기준 세계 4위의 원자력 강국이다. 원자로 38기 가동으로 전력의 21%를 생산하고 있다. 1986년 체르노빌 사고와 1991년 소비에트 연방의 붕괴로 1990년대에는 원자로를 2기만 건설하는 침체기를 겪었다. 그러나 2005년부터 원전 산업 부활로 2000년대에는 6기를 건설한다. 2016년에는 11기를 2030년까지 추가 건설한다는 계획으로 2022년에 3기 건설에 들어갔다.

러시아는 에너지 수출이 84%에 이른다. 후쿠시마 사고 이후에도 차세대 성장동력으로 원전 산업을 진흥한다고 발표한다. 이유는 비교적 저비용으로 고도 경제성장에 필요한 에너지를 확보하는 대안이라고 보기 때문이다. 1980년대 이전에 건설된 원자로는 신형으로 교체하는 계획도 세웠다. 2016년에는 미래 에너지 생산 연방법을 제정해 원전 신규 건설과 노후 원자로 교체를 추진하고 있다. 러시아의 원자력 산업구조는 강력한 수직통합 체제이다. 총리 직속의 국영 원자력 공사인 로사톰이 원자력 정책과 원전 관리, 규제, 국제협력을 총괄하고, 원자력 관련 단체와 기관까지 관리한다. 2007년 로사톰 산하에 설립된 AEP는 원전 가동, 우라늄 채광과 농축, 핵연료 가공, 원전 설계와 건설, 운영, 해체, 사용후핵연료 처리까지 전 부문을 아우르는 원자력 지주회사이다.

체르노빌 원자로 모델인 RBMK는 폐기되고 3세대 원자로 VVER-1200(러시아 가압수형 원자로)로 대체했다. 최근 러시아는 고속 중성자로 개발과 세계 최초의 해상 부유식 원전FAPP 개발로 주목을 받고 있다. FAPP는 2010년에 완공되어 2018년 상트페테르부르크 항구를 떠나 무르만스크로 이양되어 2020년에 상업 발전을 시작했다. 그러나 당초 예상 건설비의 4배 이상이 들었다. 그린피스는 '원자력 타이타닉'이라고 비난하고, 북극해의 높은 파도와 강풍에 노출되어 사고 위험성이 크다고 주장한다. 이에 대해서 러시아는 부유식 원전 설계가 안전기준을 철저히 준수했다는 반론으로 맞서고 있다.

러시아는 세계 원전 시장에서 노후 원전의 대체 수요가 늘어나는 것에 대비해 해외 수출에 주력했다. 그 전략으로 때마침 미국 웨스팅하우스의 파산과 프랑스 아레바의 극심한 재정난을 기회로 세계 원자로 신규 건설시장을 독점하다시피 했다. 로사톰은 축적

FAPP(Floating Atomic Power Plant), 세계 최초 해상 플로팅 원자력 발전소로 이름은
아카데믹 로모노소프(Akademik Lomonosov)이다.

된 기술력과 가격 경쟁력, 수출국 자금 지원으로 원전 수주 경쟁
력을 높였고, 그 결과 유럽 원전 시장의 40% 이상을 차지했다. 러
시아는 세계 12개국에서 36기의 원자로 건설로 10년간 해외 수주
규모 1,335억 달러를 달성했다.

중국

중국은 1991년 친산秦山 원전을 시작으로 2020년 53기 가동으
로 전력의 5%를 얻고 있다. 그러나 2022년 초 기준 건설 중인 전
세계 57기 원자로 가운데 중국이 18기를 차지할 정도로 원전 건
설이 활발하다. 해외 수출에도 자체 설계 모델을 내보내고 있다.
1986년 체르노빌 사고 이후 원전을 포기했다가 전력수요 급증으
로 인한 제한 송전 때문에 산업체가 공장 가동을 중단할 지경에

이르자 원전 건설을 재개하게 되었다.

중국은 제10차 5개년 계획(2001~2005년)의 원자로 국산화 추진으로 원전 산업의 동력을 확보했다. 2002년 후진타오胡錦濤 주석은 원전 건설로 탄소 배출을 감축하고 대기오염을 줄인다는 계획을 세웠다. 그러나 석탄 화력발전의 급증으로 2007년 미국을 추월해 세계 최대 탄소 배출국이 되었다. 2007년 국가발전계획 위원회의 원자력발전 중장기계획(2005~2020년)에서는 원전 산업 진흥 의지를 거듭 강조했다. 정책 기조는 중국 기업 주도로 외국 기술을 도입하고, 기술 개량으로 설계, 설비제조, 운영 관리의 자립도를 높인다는 것이다. 2011년 후쿠시마 사고 이후에도 중국은 '원전 안전 확보 국가 전략'을 수립하며 확대 기조를 유지했다.

중국 하이난 창장(昌江) 지구에 건설 중인 소형 원전 '링룽 1호'

최근 중국 국무원은 2021~2030년 탄소 배출량 감축 목표와 수단을 제시한 '2030년 탄소 배출량 정점 도달 방안'을 발표했다. 그 골자는 SMR, 고온가스냉각원자로, 고속증식로, 부유식 해상 원자력 플랫폼 등의 시범사업 추진과 원전 표준화, 국산화 역량 강화이다. 2021년에는 자체 개발한 링룽玲龍 1호 모델로 세계 최초의 SMR 상용화 프로젝트를 시작했다.

영국

영국은 2020년 기준, 11기 원자로 가동으로 전력의 15%를 얻고 있다. 원자로 18기는 2023년까지 설계수명이 끝난다. 2006년 에너지 백서에서는 2050년까지 이산화탄소 배출 감축 목표 달성을 위해 노후 원전을 새것으로 교체한다고 발표했다. 이 계획에 대해 왕립학회는 신규 원전 건설이 없는 한 화석연료 발전이 불가피할 것이라고 지적했다.

영국 화력 발전소의 3분의 1은 온실가스 배출 규제 법규에 의해 가동이 불가능한 상태가 되었다. 이에 2007년 고든 브라운 Gordon Brown 총리는 원자력 재도입 방침을 밝혔다. 2008년 신규 원전 건설을 승인하고, 2010년에는 2025년까지 8기의 신규 원전을 건설한다는 계획을 세웠다. 2050년까지 1990년 대비 온실가스 80% 감축 목표를 달성하기 위해 화력 발전소 허가를 금지하고, 태양광과 해상풍력 발전에 집중투자했다. 그러나 천연가스는 국제시장 가격이 불안정하며, 해상풍력 확대도 한계가 있다고 판단해 신규 원전 건설 계획을 승인하고 있다.

영국 정부는 최근 원전 산업 활성화를 위해 발전차액 지원제도 (태양광, 풍력, 바이오, 수력 등 5MW 이하 소규모 재생 에너지 발전사업자와의 20년 장기 계약으로 보조금 지원)를 개선했다. 러시아산 에너지 의존도를 줄이기 위해 원전 수명을 20년 연장하는 방안도 검토하고 있다. 2035년까지 가동 예정이던 사이즈웰 B 원전은 2055년까지 연장될 것으로 전망된다. 현재는 힝클리 포인트Hinkley Point C 원자로 1기가 건설되고 있다. 앞으로 2030~2050년 6기 이상의 대형 원자로 건설이 예상된다. 최근 2050년까지 원전 비중을 15%에서 25%까지 높이는 계획을 검토하면서, 사용후핵연료 처리 비용에 대한 논란이 되살아나고 있다.

핀란드

핀란드는 1977년에 원전을 도입해 2020년 기준, 4기 원자로 가

2022년 5월 5일 영국 브리지워터의 힝클리 포인트 C 원자력 발전소 건설 모습. 이는 탄소 배출을 줄이기 위한 영국의 움직임에 큰 기여를 할 것이다.

동으로 전력의 34%를 얻고 있다. 다섯 번째로 건설한 올킬루오토 원전 3호기는 프랑스 아레바의 EPR 모델로 2009년 가동 예정이었다가 2022년 3월에야 그리드에 연결되었다. 40년 만에 건설된 올킬루오토 원전 3호기는 전력수요의 15%를 담당한다. 핀란드는 재생 에너지 보급 의지를 강조하고 있으나, 풍력 발전이 저조해서 러시아로부터 전력을 수입하고 있다. 에너지 해외 의존도는 45%이다.

핀란드는 세계 원전 가동국 31개국 가운데 최초로 고준위 방사성 폐기물 처분장 부지를 확정해서 주목을 받는 국가이다. 핀란드는 1994년 원자력법 개정으로 사용후핵연료를 자국 내에서 영구처분하는 것으로 결정했다. 2001년에는 올킬루오토섬에 고준위 방폐물 처분장을 건설하기로 하고, 2010년 착공, 2020년 가동 계획을 세웠다. 그러나 실제로는 2015년부터 온칼로 영구처분장 건설

핀란드 에우라요키시 올킬루오토에 있는 사용후핵연료 최종처분장 연구시설인 온칼로의 지상 터 모습. 연구시설 건설에 필요한 각종 장비와 수송트럭들을 유지·보수하는 곳이다.

을 시작했고, 2023년부터 처리에 들어가게 된다. 그렇게 되면 고준위 방사성 폐기물 6,500t을 지하 450m 깊이의 암반에 10만 년 동안 저장하게 된다.

2005년 유럽연합의 온실가스 배출권 거래제가 시행되자 핀란드는 원전의 추가 건설 계획을 세운다. 2011년 후쿠시마 사고 후에는 원전 정책 재검토 방침을 밝혔으나, 2019년 탄소중립국으로의 전환 계획에는 원자력을 포함시켰다. 2029년 5월까지 석탄 발전소는 단계적으로 폐쇄하고 원전은 계속운전과 함께 신규 원전을 추가 건설할 계획이다.

스웨덴

스웨덴은 2020년 기준, 6기 원자로 가동으로 총 전력의 30%를 얻고 있다. 수력 발전이 주된 전력원이다. 1972년 원전 가동을 시작한 이후 3개 부지에서 12기 원자로를 가동하다가 최근 6기로 줄였다. 정부는 1980년 국민 투표에 따라 신규 건설은 하지 않고 가동 중인 원전도 단계적으로 폐쇄하기로 했다. 1988년에는 2010년까지 모든 원자로의 가동을 중단하기로 했다. 후쿠시마 사고 이전의 여론조사 결과에서는 80%가 원전에 찬성하고 대체 에너지 개발도 여의치 않자, 기존 원자로 기수를 유지하는 선에서 신규 원전을 짓기로 계획을 변경했다.

2004년 스웨덴 자유당은 정부의 탈원전 정책 철회를 요구하는 보고서를 만들었다. 2007년 기독민주당이 집권한 후 앞서 1980년에 모든 원전을 2010년까지 폐쇄하기로 한 계획을 파기했다. 산업계와 노조가 막대한 폐쇄 비용과 전기요금 상승 등을 이유로 강력하게 반대했기 때문이다. 2009년에는 30년간 유지해온 단계적 원전 폐쇄 정책을 폐기하고, 설계수명을 다한 원전은 신규 원전 건설로 대체하는 것으로 결정했다. 기후변화 대응을 위한 화력발전 감축과 대체 에너지 확대가 현실적으로 어렵다고 판단했기 때문이다. 최근에는 설계수명 연장과 출력 증강에 크게 투자하고 있다.

캐나다

캐나다는 2020년 기준, 19기 원자로 가동으로 총 전력의 15%를 얻고 있다. 원자로 19기 가운데 18기가 최대 중공업 단지로서 자동차 생산라인이 밀집된 온타리오주에 집중되어 있다. 그중 10기는 개조해서 가동 수명을 30~35년 연장하고 있다. 그 결과 온타리오주는 2014년 탈석탄 발전에 성공했다.

캐나다는 세계 우라늄 생산량의 3분의 1을 차지한다. 캐나다 원자력공사AECL는 1944년 연구개발에 착수한 이래 1962년 천연 우라늄을 연료로 쓰는 가압 중수로형 캔두CANDU 고유 모델을 개발했다. 그리고 12기 캔두 원자로를 한국, 루마니아, 인도, 중국, 파키스탄, 아르헨티나 등에 수출했다.

캐나다의 원전 여론은 1990년대에는 비판적이었다. 2000년대에는 회복세를 보이다가 노후 원전 가동을 둘러싼 논쟁에 휘말린다. 온타리오주는 전력난 극복을 위해 노후 원전을 재가동시켰다.

2021년 여론조사 결과에 따르면 86%가 재생 에너지와 원자력을 포함하는 청정에너지 기술개발 투자에 찬성하는 것으로 나타났다.

일본

일본은 가동 가능한 33기 원자로를 보유하고 있으나, 후쿠시마 사고로 거의 가동 중단 상태가 되었다. 2022년 기준 가동 원자로는 10기이고, 추가로 15기에 대해 가동 승인 절차를 밟고 있다. 2011년 후쿠시마 사태 이전에는 원전 비중이 30%였으나 2020년에는 5%로 떨어졌다. 2021년 일본 각의는 2030년 에너지 수급 전망과 2050년 탄소중립 정책 방향을 제시한 제6차 에너지 기본 계획을 통과시켰다. 원자력은 2015년 설정 기준인 20~22%를 유지하며, 재생 에너지 비중은 2015년에 수립된 목표치 22~24%를 36~38%로 높이는 것이 골자이다.

후쿠시마 사고 이후
국가별 원전 정책의 변화

2011년 후쿠시마 원전 사고 이후 유럽의 몇몇 국가는 원전 축소 또는 탈원전 정책으로 전환했다. 스위스, 벨기에, 독일은 에너지 수입과 원자력 의존도가 높으면서도 탈원전으로 전환을 했다. 그 배경은 높은 GDP로 재생 에너지 연구개발 능력과 기술 자립도가 높고, 안전과 환경의 가치를 존중하는 사회적 분위기 탓으로 풀이된다. 유럽연합이 2020년까지 재생 에너지를 20%로 확대한다는 정책과도 맞물렸다.

독일

독일은 2020년 기준 3기 원자로 가동으로 원자력 전기 비중이 11%였다. 2021년에는 6기 원자로 가동으로 총 전력의 12%를 얻고 있다. 2011년 에너지 체계 전환 계획 수립으로 2022년 말까지 탈원전하기로 목표를 세웠다. 슈뢰더Gerhard Schröder 총리(1998~2005년)의 사민당-녹색당 연립정부는 2021년까지 원자로를 폐쇄하기로 원자력 폐지법을 제정했다. 반핵을 기치로 하는 녹색당과의 연정이자 재생 에너지 확보에 유리하고, 전력수요 정체로 원전 없이도 수요 충당이 가능하다고 판단했기 때문이다. 독일 정부의 원전 폐기 논리는 세계적으로 환경단체의 탈원전 운동의 근거가 되고 있다.

슈뢰더의 뒤를 이은 기민당의 앙겔라 메르켈Angela Merkel 총리는 초기에는 탈원전 정책에 제동을 걸고, 2009년 9월 총선까지 원전의 실제 폐쇄 여부를 유보한다고 밝혔었다. 이후 이탈리아 등 G8 국가의 탈원전 정책 포기, 에너지 안보, 재생 에너지 보급 부진, 탈탄소 필요성, 산업계의 원전 지지, 원자력에 대한 여론 호전 등을 고려해 원전 유지로 가닥을 잡았었다. 2007년 여론조사 결과 독일 국민의 61%는 탈원전 정책에 반대하는 것으로 나타났다. 메르켈 총리는 원자로 운전 수명을 평균 12년씩 연장하는 정책을 추진하고 있었다.

그러던 중 2011년 후쿠시마 사고가 났다. 이때 독일은 가장 극적으로 탈원전 정책으로 돌아선다. 원전 영구 폐쇄의 시기와 방법, 비용을 둘러싼 논란이 이는 가운데 메르켈 총리는 원자로 17기 가운데 1980년 이전에 건설된 7기에 대해 가동을 중단시켰다. 3개월간의 안전점검이 이유였다. 보수 진영은 메르켈의 정책이 오락가락한다고 비판했다.

메르켈의 원자력 정책 전환에는 정치적 요인이 작용했다. 후쿠시마 사고 직후 치러진 바덴뷔르템베르크 지방 선거에서 과거 58년간 보수 여당의 텃밭이던 지역에서 녹색당에게 자리를 빼앗기는 이변이 일어난 것이다. 메르켈 총리는 "후쿠시마 사고 이후 원전에 대한 생각이 바뀌었다."고 실토했다. 그리고 재생 에너지로의 전환과 전력망 개선, 에너지 효율 향상 정책으로 전환했다. 원전은 원자로 17기 중 8기는 가동을 중단하고, 9기는 2022년까지 중단하기로 결정했다. 재생 에너지 비중은 2012년 20%에서 2020년까지 35%, 2050년까지는 80%로 늘린다고 발표했다.

2012~2019년 독일은 전력의 수출 급감과 수입 증가를 기록했다. 탈원전 정책에 대한 비판도 계속되고 있었다. 전력 공급에 차질을 빚을 것이며, 2020년까지 대체 에너지 비율 40% 달성은 불가능할 것이며, 원자력 전기의 수입은 해결책이 아니라는 것과 원전 탈출의 막대한 비용 부담을 어떻게 할 것인가를 둘러싼 논란이다.

실제로 독일은 재생 에너지 확대에도 불구하고 석탄 발전 비중이 여전히 높다. 탄소 배출 감축 실적에 대한 논란도 있다. 전기요금은 프랑스의 2배이다. 한국과 비교하면 3배 이상 비싸다. 전력시장 도매가격은 비슷하지만 송전비용, 재생 에너지 보조금, 각종 세금이 높기 때문이다. 2021년 독일의 저명인사 그룹은 언론매체에 서한을 게재해서, 12% 비중인 원자력 발전의 단계적 폐쇄로 2030년 탄소 배출을 65%(1990년 대비) 감축하는 것이 어렵다고 주장하면서 원전 가동 중단을 연기하도록 법 개정을 촉구했다.

그러나 2022년 총선 이후 사회민주당, 녹색당 등의 연정 협상에서는 이런 요구가 의제가 되지 않았다. 2022년 재생 에너지 생산 목표 확대와 관련해 발전시설 확장을 위한 에너지법 개정안을 발표했다. 2030년까지 재생 에너지로 총 전력수요의 80%를 충당하고, 2035년에는 완전한 재생 에너지 전환을 달성한다는 것이 목표이다. 독일은 러시아산 에너지 의존도가 높은 상태에서 2022년 러시아가 우크라이나 침공과 함께 천연가스 공급 가스관을 영구 중단한다는 가능성을 시사하면서, 탈원전 정책이 다시 논란의 대상이 되고 있다. 자유민주당은 이념에서 벗어나 원전 수명을 연장하고 확대해야 한다고 주장하고, 야당인 기독민주당도 원전 가동 연장을 언급했다. 그러나 집권 사민당은 원전 가동 연장에 반대하면서 원전을 둘러싼 정치권의 갈등이 표면화되고 있다.

이탈리아

이탈리아는 1960년대까지 세계 4대 원전 보유국이었다. 그러나 1986년 체르노빌 사고로 유럽에서 가장 먼저 탈원전 정책으로 전환했다. 1987년 국민 투표 결과 원전 반대 여론이 높게 나오자, 1988년에는 이미 짓고 있던 2기의 건설을 중단하고 5년간 원전 동결에 들어갔다. 1990년에는 4기 원전을 모두 폐쇄함으로써 2009년 G8 국가 중 유일하게 원전을 완전히 폐기한 국가가 되었다.

그 결과 막대한 재정 손실과 에너지 안보위협에 직면했고, 세계에서 전력 수입이 최고인 국가가 되었다. 이탈리아의 전기요금은 유럽 국가의 평균에 비해 30% 높고, 프랑스에 비해서는 60%가 높았다. 2003년에는 대규모 정전사태 등 전력 공급 불안정과 전기요금 상승이 맞물려 전력 공급난을 겪었다.

에너지 수입 부담을 견디다 못한 이탈리아 정부는 탈원전 정책을 폐기했다. 2008년 총선에서 원전 건설 재개를 공약으로 내건 실비오 베를루스코니Silvio Berlusconi가 총리에 취임하자, 산업부는 2013년 신규 원전을 착공해 2020년 가동에 들어가고, 2030년까지 8~10기 원전을 추가 건설한다는 계획을 발표했다. 이어서 2009년 프랑스와 원자력 에너지 협력 협정을 체결하고, 22년 만에 원전을 되살리기로 한다. 2006년과 2009년에 러시아의 천연가스 공급 중단으로 심각한 에너지 위기를 겪고 국제유가가 급등하자 원전으로 회귀한 것이다.

그러나 후쿠시마 사고로 또다시 정책이 뒤바뀐다. 사고 후 실시된 국민 투표에서 반대 여론이 우세한 것이 이유였다. 그런데 투표 안건은 원전 정책 하나가 아니라 원전 재개 계획과 더불어 수자원 관리 민영화 등 여러 가지 현안을 묶은 것이었다. 그 결과 94%의 반대가 나오자, 원전 정책 재도입 계획이 폐기된 것이다. 이런 결정을 놓고 국민 투표로 국가 주요 정책의 향방을 결정하는 것이 타당한가, 한계는 무엇인가의 질문이 제기되었다. 정책 내용의 성격과 정책 간의 상관관계 등 복잡한 사안에 대해 정보와 이해가 부족한 상태에서 국민 투표에 부치는 경우에는 결론의 오류를 범하기 쉽고, 가부간 결정을 내리는 흑백논리식의 결정은 절충적 대안의 모색을 봉쇄하는 결과가 되기 때문이다.

현재 이탈리아는 6~8%를 원자력 전기로 쓰고 있다. 물론 모두 수입 전력이다. 2021년 유럽의 천연가스 가격은 6배 이상 올랐고,

바람이 약해져서 독일의 경우 풍력 발전 생산이 최저 10% 수준까지 떨어졌다. 이탈리아 생태전환부 장관은 "2050년 청정전력 수요는 2030년 전력생산의 5배에 달할 것이므로 소형모듈원전SMR을 비롯한 모든 기술의 도입을 검토해야 한다."고 말했다. 이탈리아가 어떻게 전력난을 해소할 수 있을지 주목된다.

스위스

스위스는 2020년 기준 4기 원자로 가동으로 총 전력의 33%를 얻고 있다. 에너지 수입률은 52%이다. 1990년 국민 투표로 2000년까지 신규 원전 건설을 동결한다는 결정을 내렸으나, 2003년 국민 투표로 결과가 역전되었다. 2012년까지 원전 시설을 폐쇄한다는 정책이 부결된 것이다. 이후 2007년 스위스 에너지부 장관은 신규 원전 건설이 필요하며, 가동 중인 5기 원자로를 신규 원전으로 교체한다고 발표했다. 이처럼 후쿠시마 사고가 나기 한 달 전인 2011년 2월까지 스위스는 신규 원전 건설 계획을 추진하고 있었다. 그러나 후쿠시마 사고 이후 2034년까지 탈원전을 목표로 정책을 바꾸었다. 스위스는 태양광, 바이오매스 등 연구개발의 역사도 길고 기술 수준이 높다.

벨기에

벨기에는 2020년 기준 7기 원자로 가동으로 총 전력의 39%를 얻고 있다. 2003년 의회는 2015~2025년까지 단계적으로 원전을 폐쇄하기로 의결했다. 2011년에는 2015년 3기 원자로에 이어 2025년 4기 원자로를 폐쇄하기로 했다. 2020년까지 재생 에너지 비중을 13%로 올리기로 하고, 바이오매스, 수력, 풍력 발전에 대한 투자를 늘렸다. 2013년에는 해상풍력 에너지를 저장할 수 있는 인공섬을 건설하기로 했다. 그러나 2022년에는 2025년까지 원전을 폐쇄한다는 기존 계획을 수정해 원전을 10년 더 가동하기로 했다.

덴마크

덴마크는 1985년 탈원전으로 전환하고, 2006년에는 연구용 원자로도 없앴다. 2033년 풍력 발전 인공섬을 조성할 목표로 280억 유로를 투입하기 시작했다. 땅이 모자라 바다로 나가는 실정이다. 덴마크의 전기 공급은 풍력이 46%이다. 전기 수입이 수출보다 1.5배 많고, 유럽에서 전기요금이 독일 다음으로 비싼 국가이다.

타이완

타이완은 우리나라처럼 1978년에 원전 가동을 시작했고, 에너지 해외 의존도도 매우 높다. 2021년 기준 3기 원자로 가동으로 전력수요의 10%를 얻고 있다. 2025년까지 신규 원자로 3기를 추가 건설할 계획이었으나, 후쿠시마 사고로 정책이 바뀌었다. 원전 건설 중단과 원자로 1호기 폐쇄를 요구하며 환경단체가 시위를 벌이자 탈원전 정책으로 전환한 것이다. 2021년 제4 원자로 공사 재개 여부를 국민 투표에 부친 결과 찬성 47%, 반대 52%로 공사 재개가 무산되었다.

오스트리아

오스트리아는 원전을 건설하고도 한 번도 가동하지 않은 특이한 기록을 가진 국가이다. 1978년 츠벤덴도르프 원전이 완공되었으나 원전 반대시위로 무력 충돌이 일어나자 1978년 국민 투표에 부쳤다. 그 결과 0.9%인 약 2만 표 차이로 원전 가동이 부결되었다. 그동안 원전 건설과 유지에 투입된 비용은 10억 유로 이상이었다. 국민 투표 넉 달 뒤 미국 스리마일섬 원전 사고가 발생하고, 다시 1986년 체르노빌 원전 사고가 발생했다. 그리하여 원전 운영 재검토는 무산되고 만다. 이후 재생 에너지 산업이 정부의 적극적인 지원 아래 빠르게 성장하여 유럽의 재생 에너지 강국이 되고, 2015년부터는 원자력 전기 수입까지 금했다.

네덜란드

네덜란드는 2020년 기준 1기 원자로에서 총 전력의 4%를 얻고 있다. 1986년 체르노빌 사고 이후 1994년에 보르셀 원전을 2004년에 폐쇄하는 것으로 결정했었다. 그러나 2006년 보수 여당은 2013년까지 연장 운영하기로 늦췄다가 다시 2033년까지 연장했다. 에너지 수요 증대, 유가와 전기료 상승, 산업 경쟁력 저하 등을 고려한 결정이었다. 그러나 후쿠시마 사고 이후 원전 반대 여론이 일자 주춤했다. 2013년 네덜란드는 영국, 핀란드, 프랑스 등 유럽연합 12개국에 끼어 원자력 확대 협약을 체결했다.

브라질

브라질은 2020년 기준 2기 원자로 가동으로 총 전력의 2%를 공급하고 있다. 수력 발전이 66% 이상이다. 그러나 지역적 강우량 차이로 전력난을 겪고 신흥 경제국으로 전력수요가 급증하자 원자력과 재생 에너지 비중을 높였다. 후쿠시마 사고 이후 국영전력회사의 투자계획 전면 재검토 등 원전 반대 여론이 일었으나, 2030년까지 4기 원자로를 추가 건설하는 계획을 세웠다. 수력 의존도가 매우 높은 상황에서 댐 추가 건설을 위한 부지 선정이 난관에 부딪혔기 때문이다. 한편 바이오에탄올과 바이오디젤을 비롯해 풍력과 태양광 분야에도 대대적 투자를 한 결과 2021년 풍력 발전 비중이 9%로 올라섰다.

우크라이나

우크라이나는 2020년 기준 15기 원자로 가동으로 총 전력의 51%를 얻고 있다. 구소련 시절 1970년부터 체르노빌 원전을 시운전하다가 1986년 사고 이후 원전 건설이 중단되었다. 사고 당시 원전 의존도는 47%였고, 2030년까지 계속 건설할 계획이었다. 후쿠시마 사고 이후에도 안전조치를 강화하면서 확대 정책을 이어갔다. 그리고 22억 달러를 투입하여 체르노빌 원전을 거대한 철제 격납용기에 묻는 최대이자 최초의 이동식 구조물을 건설했다. 전력

생산의 20%를 담당하고 있는 자포리자 원전은 2022년 러시아군의 침공으로 기능을 못 하고 있고 전쟁으로 인한 원자력 재앙에 대한 우려도 있다.

체코

체코는 2020년 기준 6기 원자로에서 총 전력의 37%를 얻고 있다. 석탄 의존도가 높고 러시아로부터 전력을 수입하던 터라 후쿠시마 원전 사고 이전에는 원전 정책을 적극적으로 추진하고 있었다. 1985년 두코바니 1호기를 시작으로 1987년부터 4호기를 가동했다. 2001년에는 테멜린 1, 2호기를 건설하는 등 원자력 비중을 2005년 15%에서 2050년 25%까지 확대하고 있었다. 후쿠시마 사고 이후 체코는 예상 밖의 전력 수출 성과를 올렸다. 독일이 급격한 탈원전 정책 추진으로 일주일 만에 전기요금이 20% 치솟게 되자 체코의 에너지 수출이 늘어난 것이다. 체코는 화석연료 수입에다가 단기간에 재생 에너지 보급 확대가 어렵다고 보아 원전 정책을 고수하고 있다.

불가리아

불가리아는 2021년 기준 2기 원자로 가동으로 전력의 34%를 얻고 있다. 1950년대 이후 전기 수출국이었다. 1974년 최초의 원전 가동 이후 1990년대 러시아 지원으로 신규 원전 건설을 추진했다. 그러나 정치적, 사회적 여건과 재원 조달의 난관으로 중단되었다. 2000년대 전력원 비중은 화력, 원자력, 수력의 순이었다. 2007년에는 유럽연합 가입조건으로 원자로 2기를 폐쇄하고, 신규 원전 건설에 대한 지원을 받았다. 또 다른 가입조건으로 2020년까지 총 에너지원의 16%를 재생 에너지로 충당하기로 하고, 수력, 풍력, 태양광 개발에 나섰다.

아르메니아

아르메니아는 2021년 기준 1기 원자로 가동으로 40%의 전력을 얻고 있다. 1980년 최초의 원전 건설에 착수했으나, 정치적인 이유로 1989년에 중단된다. 이후 심각한 에너지난으로 1995년에 재추진했다. 2011년 기준 멧사모어 원전이 전력생산의 40%를 담당했다. 그러나 유럽연합은 멧사모어 원전이 동유럽과 구소련에 건설된 구형 원자로 중 가장 노후되어 위험하다는 경고를 했고, 2011년까지 러시아 회사가 관리하다가 손을 뗀 상태였다. 2012년에는 미국과 에너지 분야 협력을 위한 합동 태스크 포스 가동으로 2016년까지 연장된 멧사모어 원전 운영을 10년 더 연장하도록 하고 기술지원을 받았다.

리투아니아

리투아니아는 2009년까지 유럽 국가에 전기를 수출하던 국가였다. 구소련 시절에 건설된 이그나리나 원전은 체르노빌 사고를 일으킨 RBMK 노형이었다. 따라서 유럽연합에 가입하는 조건으로 이그나리나 원전을 폐쇄했다. 2004년과 2009년에 2기의 원자로 가동을 중지하는 조건으로 2004년 유럽연합에 가입했다. 2009년 에너지 가격 상승과 글로벌 경제위기가 복합되면서 GDP가 15% 하락하고, 에너지 소비의 60%를 수입하는 처지가 되었다. 후쿠시마 사고에도 불구하고 2011년에는 일본의 히타치와 원전 건설계약을 맺었다.

파키스탄

파키스탄은 2021년 기준 6기 원자로 가동으로 전력생산의 8%를 얻고 있다. 전력 사정 악화로 전국적으로 제한 송전을 할 정도였던 파키스탄은 2004년 중국과 원전 건설 협력과 자유무역협정 체결을 추진하기로 한다. 2005년 차슈마 원전 1호기를 완공하고, 2011년에는 차슈마 원전 2호기도 가동했다. 앞으로도 중국 원자로 모델을 건설해 2022년에 시험 가동에 들어가고, 2025년까지 원전을 추가 건설한다는 계획이다.

이란

이란은 2010년부터 1기의 부셰르 원전을 가동했다. 1975년 서독 정부와 원전 건설 협력을 맺어 2기의 원자로 건설에 들어갔으나, 1979년 이슬람 혁명으로 사업이 중단된다. 이후 이란-이라크 전쟁에서, 건설 중단된 원자로 시설이 이라크의 공습으로 크게 파괴된다. 막대한 부채를 안게 된 이란은 1995년 러시아와 원전 건설

계약을 체결해 부셰르 원전 건설을 재개하고, 2010년 가동을 시작했다. 최근에는 15년간 총 20기의 대규모 원전 건설 계획을 추진하고 있다.

터키

터키는 2018년에 최초의 원전 건설을 시작했고, 2023년에 가동될 것으로 예상된다. 지진 발생으로 2000년 환경단체가 원전 건설을 강력히 반대하고 자금난이 겹쳐 포기했다가 2004년에 재추진된다. 2007년 터키 의회는 원전 건설과 운영, 에너지 판매에 관한 법을 제정했다. 난항 끝에 악쿠유와 시노프 지역을 원전 부지로 선정했으나, 악쿠유 부지가 지진대에 속한다는 이유로 반대 여론에 부딪혔다. 정부는 3세대 원전 모델이라는 점을 강조했으나, 1999년 대지진을 겪은 탓에 반대 여론이 거셌다. 악쿠유 원전 건설은 러시아가 맡았다. 시노프 원전 사업은 후쿠시마 사고로 인해 우선 협상자인 일본의 도시바 측과의 교섭이 연기되었다.

요르단

요르단은 에너지 수입 의존도가 95%이던 국가였다. 그런데 대규모 우라늄 광산과 암반유가 개발되면서 자원 부국이 되었다. 그러나 연간 5억t의 물 부족 국가로 해수 담수화를 위해 원자력을 도입했다. 2007년 전기 생산과 해수 담수화용으로 2015년까지 원전을 운용한다는 계획을 수립한다. 요르단 원자력 위원회는 2030년까지 전력의 30%를 공급하고 수출까지 한다는 목표로 원자력 프로그램을 추진하고 있다. 최초의 원전을 2016년에 가동하고, 2030년까지 원전을 추가 건설한다는 계획이다.

2007년에는 미국과 원자력 협력 양해각서를 체결했다. 2008년에는 프랑스와 원자력의 평화적 이용에 관한 협력 협정을 체결했다. 프랑스의 아레바는 요르단과 합작회사를 설립하고, 요르단의 우라늄 자원을 독점 채광할 수 있는 권리를 확보했다. 그리고 2012년부터 매년 2000t의 우라늄을 채광하고 있다.

요르단 정부는 2008년 신규 원자로 4기의 건설 계획에 한국도 참여해 줄 것을 요청했다. 최초의 원전 부지 선정 작업도 진행되고, 2010년 한국원자력연구원-대우건설 컨소시엄이 요르단의 연구 교육용 원자로 건설 국제경쟁 입찰에서 최종 낙찰자로 선정되어, 요르단 과학기술대학 내에 소형 원자로를 건설하는 사업의 양해각서를 체결했다.

기타

UAE는 유가상승과 경제성장에 따른 전력수요 증가에 대비하여 원자력 개발 계획을 수립했다. 2008년 IAEA 등의 자문을 얻어 〈원자력의 평화적 이용에 관한 백서〉를 작성했다. UAE는 지정학적으로 걸프만을 사이에 두고 우라늄 농축 중단의 국제적 압력을 받고 있는 이란과 마주하고 있다. 따라서 자국의 원자력 정책이 국제적으로 민감하게 받아들여질 것을 의식해 평화적인 민수용 원자력 프로그램 도입을 위한 여섯 가지 핵심 원칙을 제시했다. 그리고 유엔 원자력 감시기구와 긴밀하게 협력할 것이라고 밝혔다.

2008년에는 국가 에너지 정책 발표와 함께 에미리트원자력공사ENEC를 설립하고, 외국 투자자와의 합작회사를 설립했다. 2014년까지 원자로 14기를 건설한다는 계획이 진행되는 가운데, 한국은 국제 공개경쟁 입찰을 통해 KEPCO 컨소시엄이 바라카 4기 원자로(140만 kW급) 건설의 시공사로 선정되었다. UAE로의 원전 수출은 200억 달러의 직접 수출 효과와 연인원 11만 명의 고용 창출효과를 거두리라 추산되었다. 2012년 한국형 원전 APR-1400 건설을 시작해 1호기는 2021년에, 2호기는 2022년 3월에 가동을 시작했다. 3·4호기는 2023~2024년에 차례로 가동될 전망이다. 바라카 프로젝트는 원전 인프라가 없는 국가에서 예산 계획과 공사

한국이 처음으로 해외에 수출한 원자력 발전소인 아랍에미리트(UAE) 바라카 원전 ©한국원자력연구원

기한을 지킨 모범사례로 꼽힌다.

후쿠시마 사태 이후 지진 발생 확률이 높은 필리핀과 태국, 멕시코 등은 원전 도입을 포기하거나 추진 속도를 늦추었다. 멕시코는 2020년 기준 2기 원자로 가동으로 5%의 전력을 공급하고 있다. 아르헨티나는 2020년 기준 3기 원자로 가동으로 8%의 전력을 얻고 있다. 그러나 터키와 인도네시아는 지진 발생 빈도가 높음에도 원전 건설 원칙에 큰 변화는 없다.

한편 지반 조건이 좋은 폴란드와 카자흐스탄 등은 원전 도입을 지속적으로 추진하고 있다. 폴란드는 2033년부터 2년 간격으로 신규 원전 6기를 가동하기로 했다. 중동과 북아프리카 국가들은 석유와 천연가스 의존도를 낮추기 위해 원전 건설에 적극적이다. 우라늄 보유국인 카자흐스탄과 호주, 그리고 산업화로 전력수요가 높은 인도와 브라질 등은 원전 건설의 의지가 강하다.

인도는 23기 원자로를 갖고 있고, 2020년 기준 3%의 원자력 전기를 얻고 있다. 후쿠시마 사고 이후 인도 원자력 위원회는 12억 인구(2011년 기준) 중 40%가 전기의 혜택을 받지 못하는 상황에서 추가적인 전력 공급이 절대로 필요하다고 역설했다. 인도는 2022년 기준 8기 원자로를 건설하고 있다.

카자흐스탄은 서부 지역에 원전 건설을 추진해 2016년에 원자로 1호기, 2017년에 원자로 2호기를 건설한다는 계획이다. 남아프리카공화국은 석탄화력 발전을 축소하고 원자력과 재생 에너지를 늘린다는 계획을 추진하고 있다. 후쿠시마 사고 이후에도 원전 계획을 계속 추진할 것이라고 밝혔다.

이집트는 정권 붕괴와 경기 침체로 후쿠시마 사고 이후 원자력 건설 계획의 방향을 잡지 못했다. 그러던 중 2014년 엘다바 원전 건설과 우라늄 공동개발에 중점을 둔 원자력 협력 협정을 갱신할 목적으로 러시아와 협상을 진행했다. 2022년 8월 한국수력원자력은 러시아 국영 원전기업인 로사톰의 자회사인 ASE JSC와 3조 원 규모의 계약을 체결하게 되었다. 이로써 원전 기자재와 터빈 시공 분야에서 엘다바 원전 건설 프로젝트에 참여하게 되었다.

케냐는 2011년 IAEA 조사단이 최초의 원전 건설 신청을 승인하는 절차를 진행했다. 원자력이 2040년까지 케냐의 에너지 수요를 충족시킬 것으로 보고 있다. 사우디아라비아 정부는 12조 원

엘다바 원전 건설 프로젝트 현장 조감도. 한수원은 원전 4기와 관련된 80여 개 건물과 구조물을 건설하고 기자재를 공급한다. ⓒ산업통상자원부

규모의 원전 2기(1.4GW) 건설을 계획하고 있다. 방글라데시는 2017년 러시아 모델 원자로 2기 중 1기의 건설에 착수해 2023년에 가동한다는 계획이다. 2018년에는 다시 1기를 건설하기 시작했다. 현재는 완전히 화석연료 발전에 의존하고 있다. 칠레는 2020년까지 원전 도입을 위해 프랑스와 원자력 개발과 훈련에 관한 협정을 맺었다. 2015년 최초의 원자로 건설에 착수해 2030년까지 4기 원자로를 가동시킨다는 계획이다. 미국과도 원자력 에너지 협정에 서명하고 엔지니어 교육부터 시작했다.

벨라루스는 2020년 최초의 원자로 1기가 가동되고, 향후 30% 이상의 전력을 공급할 것으로 전망된다. 현재는 거의 모두 LNG 발전에 의존하고 있다. 슬로바키아는 2021년 기준, 4기 원자로 가동으로 전력의 54%를 얻고 있고, 2기를 추가로 건설하고 있다. 헝가리는 원자로 4기 가동으로 전력의 48%를 공급하고 있다. 슬로베니아는 2021년 기준, 1기 원자로에서 전력의 22%를 얻고 있다. 루마니아는 2021년 기준, 2기 원자로 가동으로 18%의 전력을 얻고 있다. 스페인은 2020년 기준, 7기의 원자로 가동으로 총 전력의 22%를 얻고 있다. 발전원 순위는 재생 에너지가 1위이고 원자력이 2위이다. 특히 풍력 발전 비중이 23%로 세계 4위이고, 태양광은 세계 2위이다. 원자력 산업계는 8기 원자로의 면허 갱신과 2035년까지 3기 신규 원자로 건설을 요구하고 있다.

세계 원전 산업 수출 시장 동향

　세계원자력협회WNA에 따르면 2028년을 목표로 원자로 51개가 건설되고 있는데, 그중 20기를 러시아가 수주했다. 2022년 5월 기준 러시아를 제외한 유럽 국가에서 건설 중인 원전은 9기이다. 건설 계획을 검토 중인 것은 32기이다. 세계 2위로 중국이 14기를 건설하고 있는데 모두 국내 원전이다. 한국은 준공 예정인 UAE 바라카 3·4호기 이외에 신한울 1·2호기, 신고리 5·6호기 등 4기를 건설하고 있다. 2022년 UAE 원전 공사 수주 13년 만에 3조 원 규모의 이집트 엘다바 원전 건설 프로젝트 수주에 성공한 것은 해외 진출의 낭보이다.

　한편 2022년 7월 IEA는 2017년 이후에 건설된 신규 원자로 31개 가운데 27개가 러시아와 중국의 설계에 기반한 것으로 글로벌 원전 시장 주도권이 러시아와 중국으로 넘어갔다고 분석했다. 러시아가 막대한 자본을 앞세워 건설비 조달은 물론 사용후핵연료 처리 부담까지 책임지는 조건으로 세계 원전 시장을 주도하게 된 것이다.

원전 국내 현황

가동 중 : 25기 **건설 중 : 3기**

▶ 가동년수는 최초 임계 시점부터 계산 ◀

가동중
한울 1~6호기
시설용량: 총 5,900MW
가동년수: 1988년부터 최장 35년,
　　　　　최단 19년째 가동 중

가동중
한빛 1~6호기
시설용량: 총 5,900MW
가동년수: 1986년부터 최장 37년,
　　　　　최단 21년째 가동 중

가동중
신한울 1호기
시설용량: 총 1,400MW
가동년수: 2022년 12월부터
　　　　　가동 중

건설중
신한울 2호기
시설용량: 1,400MW
가동년수: 2023년 상업운전
　　　　　예정

강원도

경기도

충청북도

충청남도

경상북도

가동중
월성 2~4호기
시설용량: 총 2,100MW
가동년수: 1997년부터 최장 26년,
　　　　　최단 24년째 가동 중

가동중
신월성 1, 2호기
시설용량: 총 2,000MW
가동년수: 2012년부터 최장 11년,
　　　　　최단 8년째 가동 중

전라북도

경상남도

전라남도

가동중
신고리 3, 4호기(새울)
시설용량: 총 2,800MW
가동년수: 2015년부터 최장 8년,
　　　　　최단 4년째 가동 중

건설중
신고리 5, 6호기
시설용량: 총 2,800MW
가동년수: 2024년 5호기, 2025년
　　　　　6호기 상업운전 예정

가동중
고리 2~4호기
시설용량: 총 400MW
가동년수: 1983년부터 최장 40년, 최단 38년째 가동 중

가동중
신고리 1, 2호기
시설용량: 총 2,000MW
가동년수: 2010년부터 최장 13년, 최단 12년째 가동 중

현재 국내 원자력 발전소는 24기가 가동 중이며 경북 울진, 울산 지역에 4기가 추가 건설 중이다.

러시아는 국영 통합체제인 로사톰 주도로 푸틴 대통령과 로사톰 회장을 지낸 세르게이 키리옌코Sergey Kiriyenko 전 러시아 총리가 원전 세일즈에 앞장섰다. 중국과 인도의 큰 시장은 물론 벨라루스, 헝가리, 이란, 터키의 신규 원자로 건설에 참여하고, 중동과 아프리카 등 원전 불모지 시장도 공략했다. 그리고 이미 다양한 형태로 알제리아, 방글라데시, 볼리비아, 인도네시아, 요르단, 카자흐스탄, 나이지리아, 남아공, 타지키스탄, 우즈베키스탄 등의 원자로 사업에도 참여하고 있다.

러시아가 원전 수출에 주력하는 것은 화석연료 수출에 비해 원전 기술 전수로 장기간 전기 판매 수익을 낼 수 있다고 보기 때문이다. 그리고 전략적으로 원전 수출로 설계수명 기간인 60년 동안의 운영과 정비, 핵연료 공급 계약까지 체결하는 방식으로 해외 진출을 하고 있다. 국제정치적으로는 전력난을 겪는 신흥국과의 전략적 외교 관계를 공고히 해서 미국 주도의 글로벌 에너지 패권 경쟁에 대응한다는 포석이기도 하다.

그러나 2022년 러시아의 우크라이나 침략과 그에 대응하는 서방의 러시아 경제제재의 파장으로 글로벌 원전 시장에서도 변화가 감지되고 있다. 러시아산 천연가스에 의존하던 동유럽 국가들이 에너지 안보를 위해 원전 증설에 나서는 가운데 러시아와의 협력 관계에 일부 변화도 나타나고 있다. 예를 들어 체코 정부는 두코바니 신규 원전 입찰에서 러시아와 중국을 제외했다. 이에 따라 8조 원 규모의 원전 수주를 둘러싸고 미국(웨스팅하우스), 프랑스(EDF), 한국(한수원)이 경쟁을 벌일 것으로 보인다. 핀란드는 러시아와 계약한 1,200mW(밀리와트) 원자로 건설 컨소시엄을 포기한다고 선언했다.

폴란드 루비아토프-코팔리노 원전 건설사업은 계획이 확정된 프로젝트 중 수주 일정이 가장 빠른 사업으로 40조 원 규모의 원전 6기(6,000~9,000mW급) 건설 프로젝트이다. 폴란드 정부는 한국, 미국, 프랑스 3개국에 사업 제안을 했다. 프랑스는 핀란드 올킬루오토 원전 건설사업이 13년간 지연되어 막대한 추가 비용이 발생한 전력이 있다. 한국은 독자적으로 진출하기에는 부담이 되므로 미국과의 공조가 대안이 될 수 있다.

사우디아라비아 원전 사업은 12조 원 규모의 원자로 16기(최대 2만 1,000mW급) 건설이다. 2018년 한국, 미국, 프랑스, 중국, 러시아 등 5개국이 예비사업자로 선정된 바 있다. 그러나 사우디아라비아가 핵 비확산을 위한 IAEA 추가의정서에 가입하지 않은 관계로 진전이 되지 않았다. 사우디아라비아가 이란의 핵 개발을 견제한다는 명분으로 IAEA의 핵 사찰을 거부하는 상황에서는 원전 사업 진척이 어렵기 때문이다.

한미 정상은 2022년 5월 정상회담에서 원전을 전략적 경제·기술 협력 분야에 포함했다. 이에 따라 한국과 미국의 공동협력이 원전 시장 진출에 유리할 것이라는 기대도 있다. 미국이 사우디아라비아와 원자력 협정을 타결하게 된다면 IAEA 추가 의정서 이슈가 해소될 가능성이 있기 때문이다. 2022년 한미 원전 동맹으로 2030년 이후 본격화될 것으로 보이는 최대 600조 원 규모의 차세대 원전 시장과 소형모듈원자로SMR 분야에서도 시너지를 낼 수 있으리라는 희망적인 전망도 나온다.

원래 원전의 해외 진출은 불확실성이 크고 공사 기간이 길고 정치적, 사회적 여건과도 관련되어 이래저래 난관이 많은 사업이다. 미국은 공백기로 인해 30여 년 만에 건설되는 조지아주의 원전 완공이 지연되었고, 예산도 수조 원 초과했다. 어느 나라든 침체된 원전 산업을 갑자기 살려 원자로를 건설하는 과정에서는 전문가와 숙련된 인력 확보 등 인프라 구축에 재정과 시간이 필요해 어려움이 따르기 마련이다. 미국은 사우스캐롤라이나주에 건설 중이던 원전의 용접에서 이상이 발견되어 공사를 중단하기도 했다.

EU의 녹색분류체계 결정에서 원자력을 포함한 것이 유럽 국가로의 원전 수출 활성화에 도움이 되리라는 기대도 있다. 그러나 수출시장에서의 한국의 상황은 2009년 UAE 바라카 원전 건설 수주 실적과 2022년 이집트 엘다바 원전 건설 프로젝트 정도이므로 고도의 해외시장 마케팅 경험이 적다. 원래 원전 수출은 관련 기술과 시공 능력만으로 결정되는 것이 아니다. 상대국의 정치적, 사회적 변수는 물론 국가 간의 지정학적, 외교적인 역학 관계도 중요하다. 무엇보다도 장기간에 걸친 대규모 프로젝트 파이낸싱이 필요하므로 국제금융 역량이 중요하다. 따라서 이익을 나누더라도 미국 등 협력국과의 공조가 글로벌 원전 시장 진출의 보완책이 될 것이다.

원자력 신기술

원자력 산업에서는 차세대 원자로 연구개발이 관심을 끈 지 오래되었으나 원전 산업의 침체로 일관성 있게 추진되지 못했다. 1세대 원전은 1951년 미국 아이다호주 소재 국립원자력시험장에 건설한 EBR-1의 초기 모델이었다. 그 당시는 방사능 위험 등 원전 안전성과 경제성에 대한 인식도 별로 없던 때였다. 2세대 원자로는 1970년대 에너지 쇼크로 원전이 확대되던 시기의 모델이었다. 한국은 1978년 미국 웨스팅하우스사의 경수로형을 도입해 고리 원전 1호기를 건설했다. 3세대 원자로는 2000년대 프랑스의 유럽형 가압경수로 EPR을 비롯해 미국의 AP1000, 우리나라의 APR1400를 들 수 있다. 규모는 1,000mW 이상의 대형 원자로이다. 2020년대의 첨단기술 화두는 소형모듈원전으로 현재 개발 경쟁 단계에 있다.

SMR

2022년 5월 출범한 윤석열 대통령 정부는 '탈원전 백지화, 원전 최강국 건설'을 공약하고, 한미정상회담에서 양국의 경제안보와 기술 동맹에 원전을 포함시켰다. 이전 정부의 탈원전 정책의 기조가 바뀜에 따라 SMR이 차세대 원전 기술 협력으로 주목을 받는 상황이다. SMR은 원자로, 증기발생기, 냉각재 펌프, 가압기 등 주요 기기를 일체화시킨 소형(300mW 이하) 모듈형 원자로를 가리킨다.

상업 발전용 SMR 개발은 1980년대 이미 시작되었다. 그러나 최근 들어서야 71개 모델의 개발이 활발하게 이루어지고 있다. 그중 미국(17개)과 러시아(17개), 중국(8개)이 앞서 있다. 상용화는 2030년경이 될 것으로 보인다. SMR 기술의 선도국은 미국이다. 에너지부DOE가 2012년부터 SMR 인허가 기술지원 프로그램을 시작했고, 바이든 대통령 취임 후 SMR 개발에 7년간 32억 달러를 투자하기로 했다. 제도적으로도 기존 대형 원전 건설 규제 가운데 SMR에 적용할 필요가 없는 규제는 모두 풀었다. 영국 국립원자력 연구소는 SMR 시장이 2035년 390~620조 원이 될 것으로 전망했다. 우리 원자력계도 10년간 150조 원으로 예측하는 등 시장의 급성장세를 예측하고 있다.

정부의 적극 지원으로 미국 뉴스케일 파워는 SMR 사업의 선두주자가 되었다. 2013년부터 DOE의 원을 받아 2020년 SMR 최초로 미국 원자력규제 위원회의 설계인증 심사를 완료했다. 그리고 세계 최초로 아이다호 국립 연구소에 SMR 12기(77MW급 가압경수로형)를 건설하고 있다. 규모는 대형 원전의 150분의 1 정도이고, 지역 전력수요에 맞춰 모듈수를 조절할 수 있도록 제작하고 있다. 상업 운전은 2029년경으로 예상된다. 한국의 삼성물산은 이 프로젝트에 기술과 역량을 공유하기로 하고, 두산 에너빌리티는 GS에너지 등과 공동으로 뉴스케일 파워에 기자재 공급권을 확보했다.

빌 게이츠Bill Gates는 2006년 3,500만 달러 출자로 테라파워를 설립하고 차세대 원자로 개발에 나섰다. 최근에는 워런 버핏Warren Buffett의 퍼시피코프사와 손잡고 와이오밍주 케머러에 2024년부터 SMR '나트륨(345mW급)'을 짓기로 확정하고, DOE와 40억 달러를 투자하고 있다. 2028년 나트륨 완공으로 2025년에 폐쇄되는 케머러의 석탄 발전소를 대체한다는 계획이다. 그렇게 되면 25만 가구에 60년간 전력을 공급하게 된다. 한국의 SK는 소듐냉각고속로SFR 설계 기술을 보유한 테라파워에 투자하고 기술 개발과 국내외 진출에서 협력하고 있다.

뉴스케일 소형모듈원전(SMR) 플랜트 가상 조감도

러시아, 프랑스, 중국도 SMR 기술개발에 대규모 재정을 투입하고 있다. 러시아는 로사톰 주도의 컨소시엄이 SMR과 차세대 원자로에 1,200억 루블을 투자하고 있다. 그리고 세계 최초의 부유식 SMR 원전(35mW 규모 2기)인 '아카데믹 로모노소프Akademik Lomonosov'를 가동해 2019년부터 극동지역 추코트카 자치구에 전력을 공급하고 있다. 2028년까지 동시베리아 지역에 육상 SMR을 상용화한다는 계획이다.

프랑스는 2030년 SMR 개발 등을 위해 10억 유로를 투자하는 '프랑스 2030' 계획을 추진하고 있다. 영국도 SMR 개발과 상용화에 예산을 책정했고, 방위산업체인 롤스로이스와 영국 원자력 발전소 등의 컨소시엄이 2035년 SMR 상용화 계획을 추진하고 있다. 캐나다 온타리오주는 2028년 SMR 4기 가동 계획을 추진하고 있다. 중국은 2021년 쉬다오 연안에 세운 시범 공정 1호기 SMR 원자로에서 얻는 전기를 산둥성 송전망에 연결해 전력을 공급하고 있다고 밝혔다. 이 모델은 물 대신 헬륨을 가열해 전력을 생산하는 고온가스냉각원자로(20만kW) 노형으로 중국의 자체 기술로 건설 운영하고 있다.

한국은 2012년 한국형 SMR로서 세계 최초로 SMART 원전(100mW) 표준설계인증을 받았다. 현재는 혁신형 i-SMR 기술개발의 예비타당성 조사를 마쳤다. 2023~2028년 3천 992억 원 투입으로 모듈당(170mW급) SMR 4기를 개발해 표준설계 인가를 획득한다는 계획이다. 모델명 혁신형의 의미는 기존 경수로에는 적용되지

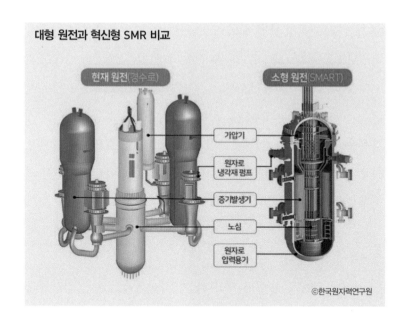

대형 원전과 혁신형 SMR 비교

현재 원전(경수로)   소형 원전(SMART)

가압기
원자로
냉각재 펌프
증기발생기
노심
원자로
압력용기

©한국원자력연구원

않은 무붕산 노심, 지능형 운전시스템, 피동 무한냉각기술, 재생
에너지 연계 기술 등이 접목된다는 뜻이다. 상업화는 산업 생태계
조성 이후 2035년경으로 보고 있다.

　정부는 영구 정지된 고리 1호기와 월성 1호기 해체 기술 개발
과 인프라 구축을 위한 '원전해체 경쟁력 강화 기술개발 사업'도 추
진하고 있다. SMR 사업과 합치면 투자액은 7,400억 원 규모이다.
한미 원전 산업 협력도 활성화되고 있다. 현대건설은 미국 웨스팅
하우스사와의 SMR 협력으로 글로벌 원전 사업에도 공동 참여한
다는 계획이다. 대우건설은 한국원자력연구원이 발주한 '수출용 신
형연구로 및 부대시설' 건설 공사를 수주했고, 두산 에너빌리티는
'i-SMR 기술개발사업'의 표준설계 용역 과제에 참여하기로 했다.

GS건설 등도 SMR 관련 해외 선도기업과 협력을 모색하고 있다.

SMR은 원자로와 냉각재 종류에 따라 경수로형PWR, 소듐냉각 고속증식로형SFR, 고온가스형HTGR, 용융염냉각형MSR 등으로 구분된다. 고속증식로는 1958년 구소련 과학자가 사용후핵연료의 재사용을 목표로 고안했었다. 그러나 이후 원전의 효율성과 안전성, 사용후핵연료 처리, 핵무기로의 전용 차단 등이 이슈가 되면서 연구개발에 제동이 걸렸다. 2001년부터 미국·프랑스·한국 등 13개국은 소듐냉각고속증식로를 기반으로 하는 4세대 원자로 개발 프로젝트에 착수했다.

그러나 2006년 설립된 테라파워가 상용화에서 가장 앞서갔다. 테라파워의 SMR 모델은 SFR 방식으로 물 대신 액체 금속 나트륨(소듐)을 냉각재로 사용한다. 액체 나트륨은 물보다 끓는점이 높아 사고가 나더라도 과열될 가능성이 적다. 또 경수로에서 나온 사용후핵연료를 재처리해 쓸 수 있다. 우수한 냉각 효율과 긴 반감기의 방사능 원소를 만들지 않는다는 것이 강점이다. 그러나 나트륨이 공기나 물과 격렬한 반응을 일으켜 사고의 위험성이 있다는 약점을 해결해야 한다.

SMR은 기존 대형 원자로(1000~1500MW급)보다 규모가 작아 건설 기간과 비용이 덜 든다. 기존 원전은 한국표준형 APR1400 기준으로 공기가 56개월이지만 SMR은 24개월 정도로 보고 있다. SMR은 제작 조립한 뒤에 부지로 옮겨 설치하고 용량 규모를 조정할 수도 있다. 부지 규모와 비상계획구역이 줄어드는 것도 유리한 점이다. 배관 설비가 필요 없어, 지진 등 자연재해에도 방사성 물질 누출 등을 차단할 수 있다. 따라서 유사시 기존 대형 원자로에 비해 안전성에서 유리하다는 것을 강점으로 꼽는다.

SMR의 활용에 대해서는 산업 지역과 격리 지역 등의 분산전원, 선박 등 물류, 국방, 도심항공모빌리티UAM, 해수 담수화 시설 등에 유용할 것이라고 보고 있다. SMR은 섭씨 600~800℃의 증기를 이용해 수소를 생산할 수 있으므로 기존의 수전해 방식보다 효율성이 높아진다. 따라서 수소 경제에 활력을 불어넣을 것이라는 기대도 있다. IAEA가 설정한 기준 10MW 이하의 초소형 모듈 원전MMR은 기존 원자로 설치가 어려운 오지에 건설할 수도 있다.

최근에는 해상 원자력 발전시설도 개발되고 있다. 도서 지역이나 북극 지역에 전력을 공급할 수 있고, 원전 건설 부지 관련 지역 사회의 반발이 없다는 것을 장점으로 꼽는다. 삼성중공업은 용융염원자로를 개발한 덴마크 시보그사와 기술협력 양해각서를 체결하고 SMR의 일종인 소형 용융염원자로CMSR의 부유식 원자력 발전설비를 개발하고 있다. 그리고 한국원자력연구원과 공동으로 용융염 원자로MSR를 탑재한 원자력 추진선 설계 연구를 하고 있다.

그러나 이들 강점에도 불구하고 SMR에 대한 반론과 회의론도 만만치 않다. 공사 기간이 짧고 부지 규모 등이 작다는 것을 강점이라 하지만, 기본적으로 기존의 대용량 원자로를 작게 쪼갠 것이라 그렇다는 것이다. 결국 기존 대형 원자로보다 경제성이 떨어진다는 지적이다. 이에 대해서는 다른 에너지원에 비해 경제성의 경쟁력이 좋다는 반론도 있다. 또 SMR은 고유안전기술과 피동안전 기술 등 신기술 접목이 유리하다고 강조한다. 그러나 아직은 인허가 제도가 미흡한 단계이고 기자재 하부구조 산업이 형성되지 않아 앞으로 공급망 구축 등 과제가 산적해 있다.

최근에는 SMR이 기존 대형 원전보다 사용후핵연료를 포함한 방사성 폐기물을 더 많이 만들어낸다는 연구결과가 발표되기도 했다(《미국립과학원회보PNAS》 2022년 5월 30일자. 미국 스탠퍼드 대학·캐나다 브리티시 컬럼비아 대학 연구진). 이 연구는 세 가지 SMR 모델의 특허출원 자료에 공개된 설계와 핵연료 주기 사양 등을 토대로 이론적 계산과 광범위한 조사를 통해 분석한 결과라고 한다. 원전의 아킬레스건은 사용후핵연료인데, 이런 연구결과가 나오고 있으니 SMR에서 발생하는 폐기물 관리와 처분에 대한 심도 있는 연구로 시시비비를 가려야 할 것이다.

SMR의 사회적 수용성에 대한 회의론도 있다. 미국 비영리 민간연구기관인 에너지경제·재무분석 연구소IEEFA는 2029년 가동 예정인 아이다호주 뉴스케일 파워의 SMR에 대해 회사의 평가와는 다르게 평가했다. 즉 '너무 비싸고, 위험하고, 불확실하다'고 지적하고 있다. 실제로 뉴스케일 파워는 SMR의 출력 용량을 당초 35MW 설계에서 77MW까지 계속 높였다. 이 사실에 대해 환경단체는 소형 원자로의 경제성이 떨어진다는 반증이라고 주장한다.

부지 선정에서 규모가 작다는 이유로 SMR을 전력 수요지 인근에서 분산형 전원으로 설치할 수 있다는 논거에 대해서도 실제로 그처럼 사회적 수용성이 좋을지 알 수 없다는 지적도 있다. 무엇보다도 사용후핵연료 발생은 필연적이므로 여전히 고준위 방사성 폐기물 처리를 해야 한다. 따라서 SMR 연구개발의 성과가 사회적 수용성을 확보하려면 위에 제기된 회의적 시각을 불식시킬 수 있는 신뢰할 만한 연구결과를 내놓아야 할 것이다.

TWR

빌 게이츠가 설립한 테라파워는 2015년부터 중국 CNNC와 진행파 원자로TWR를 개발하고 있었다. 이 노형은 원자로에서 연료 다발을 따라 서서히 핵분열이 진행되는 방식이라서 '진행파 원자로'라는 이름이 붙었다. 테라파워는 2019년 중국 장쑤성 창저우常州에 1조 원을 투자해 시험용 TWR을 건설할 계획이었다. 그러나 트럼프 행정부가 '미국의 원전 기술이 중국에서 군사 목적에 사용되지 않는다는 것을 확실히 보증할 것을 요구'하면서 차질이 빚어졌다.

TWR은 액체 소듐을 냉각재로 쓰는 고속증식로의 일종이다. 초기 핵분열을 시작하는 플루토늄-239나 우라늄-235 소량과 함께 우라늄-238을 연료로 쓴다. TWR 가동에서는 핵무기 원료가 생성되지 않고 원자로 용융사고가 발생할 확률도 적다. 기존의 핵연료봉(1cm 굵기)보다 훨씬 가느다란 연료핀(5~6mm 굵기) 다발로 설계되어, 사고가 나더라도 열이 빨리 냉각되고 핵분열도 즉시 차단할 수 있기 때문이다.

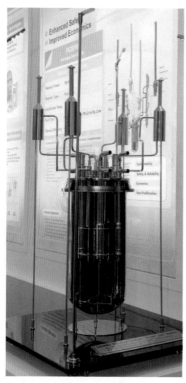
제4세대 원전 소듐냉각고속로 모형
ⓒ한국원자력연구원

테라파워는 우리나라와도 고속증식로 공동개발을 추진한 적이 있다. 2012년 빌 게이츠는 한국 대표단과 만나 소듐냉각고속증식로 개발협력에 합의했었다. 그러나 고속증식로 건설까지 공동 추진하자는 빌 게이츠의 제안에 대해 한국은 실험에서 효과가 입증된 후에 고려해 보겠다고 답했다. 이런 의견 차이로 2013년 말 양자 간 협력은 무산되었다. 이와 별개로 우리 한국원자력연구원도 사용후핵연료 재활용 기술인 파이로 프로세싱과 연계해 SFR 개발 계획을 20년 동안 추진해왔다. 그러나 지난 정부의 탈원전 정책으로 제동이 걸렸다.

토륨 원자로

토륨(Th) 원소 자체는 핵분열을 일으키지 않는다. 그러나 중성자를 쏘면 핵분열 물질인 우라늄-233으로 변환되어 핵분열 반응이 일어난다. 토륨이 중성자를 흡수하면 토륨-233을 거쳐 방사성 프로탁티늄(Pa)-233으로 변환된 후 반감기 26일 뒤에 우라늄-233으로 변환되어 핵분열이 일어나는 것이다. 고속의 중성자를 이용하는 고속증식로와는 달리 열중성자를 이용하므로 별도로 토륨 원자로라는 명칭을 쓰고 있다.

토륨 원자로는 용융염 원자로와 개량형 중수로 등이 있다. 그 중 액화 불화염 토륨 원자로LFTR 연구가 활발하다. 이 노형은 고온의 리튬불소화물 용융염 액체를 원자로의 냉각재 겸 핵연료로 사용하는 것이 특징이다. 원자로에 용융염을 채우고 우라늄과 토륨 등 핵연료를 용융염에 녹여 순환시키고, 흑연 감속재를 통과시켜 핵분열 반응을 일으키는 방식이다. 이렇게 가열된 용융염은 냉각재가 되어 열을 흡수해 열교환기에 순환시킨다.

토륨 원자로의 강점은 지구상 토륨 매장량이 많고 값이 싸다는 것, 희토류 생산 과정에서 부산물로 토륨이 많이 나온다는 것, 사용후핵연료에서 고준위 방사성 폐기물의 양이 적다는 것이다. 우라늄 원자로의 사용후핵연료는 10만 년 이상 보관해야 하지만 토륨 원자로의 사용후핵연료는 반감기가 짧아서 300~500년 보관하면 된다. MSR에서는 토륨이 연료이므로 핵무기 확산 위험을 줄일 수 있다. 또한 연료 이용률이 높아 완전 밀봉상태로 20년간 운전도 가능할 것으로 전망된다.

그러나 불화 용융염 원자로는 고온에서 운전하기 때문에 원자로와 배관 소재로 열과 불화염의 부식성에 잘 견디는 물질을 써야 한다. 최근에는 용융염을 쓰는 고온 태양열 발전의 실용화로 내열성을 지닌 금속이나 세라믹 소재가 개발되고 있어 돌파구가 될 수 있을지 관심이 쏠린다. 그러나 내구성 이외에도 해결해야 할 기술적 과제가 많다. 토륨 원자로는 연쇄반응이 계속되지 않고 증식 정도가 낮아 연료의 구성이나 설계가 까다롭기 때문이다. 감속재인 흑연도 일정 기간 내에 교체해야 하는 등 한계가 있다.

토륨 원자로는 1940년대 연구가 시작되었다. 그러나 우라늄 경수로가 실용화되면서 뒷전으로 밀려났다. 1950년대 미소 양 진영의 냉전이 본격화되면서 폭탄용 플루토늄의 대량 생산이 가능한 우라늄 원자로가 각광을 받은 것도 또 다른 이유였다. 원자력의 평화적 이용을 주도한 미국의 원자력 산업계도 핵분열이 잘 일어나고 경제성이 좋은 우라늄 원자로를 택한 것이다.

이런 상황에서 1979년과 1986년에 원전 사고가 잇달아 발생하면서 원자력 산업과 관련 연구개발은 크게 위축되었다. 토륨 원자로 연구개발도 겨울철을 맞았다. 이후 2010년대 기후위기 대응의 중요성이 강조되면서 발전 과정에서 탄소 배출이 없는 원자력이 주목을 받게 되고, SMR과 토륨 원자로 등 4세대 원자로 연구개발이 부상한 것이다.

토륨 원자로는 앞으로 연구개발에 얼마나 걸릴지, 실증과 상용화가 어떨지 두루 불확실성이 크다. 무엇보다 막대한 재정과 인력 투입을 비롯해 원자력 규제기관의 인허가 등 제도적 인프라 구축이 선결과제이다. 하지만 아쉽게도 난관이 예상되고 전망이 불투명하다. 이미 검증된 기존의 대형 원자로와 기술적, 경제적으로 경쟁할 수 있을 정도의 성숙도를 확보하는 데 얼마나 걸릴 것인지 알수가 없기 때문이다.

이들 불확실성에도 불구하고, 세계 최대의 토륨 매장량 보유국 중 하나인 중국은 원전굴기原電崛起의 주요 프로젝트로 토륨 원자로 건설을 추진하고 있다. 2030년까지 냉각수를 얻을 수 없는 중국 서부 고비사막에 토륨 용융염 원자로MSR, Molten Salt Reactor를 짓는다는 계획을 세웠다. 그 계획이 MSR의 최초 상업화 사례가 될 수 있을지 관심이 쏠리고 있다. 토륨 원자로는 원자로 내부에 이상이 생기는 경우 용융염 핵연료가 굳어지도록 설계해서 방사선 누출 가능성을 줄일 수 있다. 그리고 토륨을 농축 과정 없이 곧바로 사용해서 기존의 우라늄 원전보다 1/100 정도의 비용이 될 것이라는 주장도 나오고 있다.

중국은 일대일로一帶一路 협력 국가를 대상으로 MSR 원전 건설을 고려하고 있다. 핵무기 제조 원료인 농축 우라늄을 사용하지 않아, 수출이 가능하다고 보기 때문이다. 국내적으로는 향후 5년간 20기 정도의 원전을 추가 건설해서 현재 51GW인 발전 용량을 70GW로 올리는 계획을 추진하고 있다. 현재 미국, 프랑스에 이어 세계 3위인 중국의 원전 용량은 2025년 세계 1위가 될 것으로 전망된다.

인도도 토륨 원자로 연구개발에 주력하고 있다. 열대 해변 모래에 토륨이 풍부하기 때문이다. 설계를 마친 신형 중수로 토륨 원자로(300mW)는 최신 원자로 대비 4분의 1 수준의 출력을 지니고 있다. 미국, 유럽 등은 실용화까지의 비용과 인허가, 사회적 수용성 등으로 아직 상용화에 나서고 있지는 않다.

토륨을 이용한 원자력 발전은 1940년대부터 연구되었다. 그러나 용융염이 배관을 부식시키는 부작용 탓에 상용화되지 못했다. 미국 오크리지국립 연구소는 1964년부터 5년간 토륨 원자로를 시험 가동해 소규모 전력생산까지 했었다. 그러나 지원이 끊겨 중단되었다. 토륨 원자로는 토륨-232를 우라늄-233으로 바꾸고 다시 우라늄-233을 분리해야 한다. 그런데 우라늄-233의 분리 작업은 핵확산금지조약에 저촉된다. 한국에서의 연구는 현행 한·미 원자력 협정에도 위반되므로 연구개발이 진행되지 않고 있다. 소듐고속증식로나 납-비스무트 고속증식로의 실용화도 마찬가지로 장벽에 부딪혀 있다. 현재로서는 독자적으로 추진하기가 어려운 실정이다.

최근 기후위기 대응의 절박한 필요성과 맞물려 차세대 원자로 연구개발이 활발하다. 원자력 연구개발은 장기간에 걸친 막대한 규모의 물적, 인적 투자 결정을 해야 하므로 어느 국가나 쉽게 나설 수가 없다는 특성이 있다. 우리나라도 경제성, 환경성, 기술경쟁력, 사회적 수용성, 지속가능성 등을 고려하여 한국의 상황에 맞는 최선의 정책 대안을 찾아야 하는 시점에서, 무엇보다도 원자력계가 정확한 예측에 의해 전문가적 지식과 지혜를 모으고 사회적 합의 도출에 기여할 수 있어야 할 것이다.

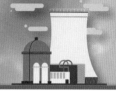

1. 세계 각국의 원전 정책은 어떤 요인에 의해 결정될까요?

2. 최근 세계 각국의 원자력 정책 동향은 어떻게 요약할 수 있을까요?

3. 세계 원전 산업의 수출 경쟁력에서 선도적인 국가는 어디일까요?

4. 최근 소형모듈원자로가 주목받는 이유는 무엇이고 한계는 무엇일까요?

6

원자력 산업의 과제와
합리적 에너지
믹스 설계

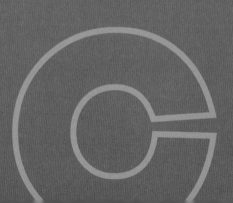

원자력 발전을 하는 한 사용후핵연료가 발생하게 되어 있다. 사용후핵연료 처리시설이 없다는 것은 마치 아파트를 지으면서 화장실을 만들지 않는 것이나 다름없다는 말이 된다. 현재로서는 사용후핵연료 관리는 원전 부지 내에서 임시저장과 중간저장을 거친 뒤 최종적으로 외부에 땅속 깊이 500~1,000m 심지층에 격리시키는 방법을 택하고 있다. 사용후핵연료를 핵연료 자원으로 보는 경우에는 재처리를 거쳐 일부를 핵연료로 다시 사용할 수 있다. 그러나 기술력과 경제성에도 한계가 있고, 핵무기 개발 가능성 때문에 일개 국가 차원에서 결정할 수 있는 사안이 아니다. 고준위 방사성을 띤 사용후핵연료의 관리는 사회적 수용성도 매우 중요하므로 이래저래 고난도 정책이다.

사용후핵연료 관리 정책,
원자력 산업의 최대 난제

원자력 발전을 하는 한 사용후핵연료는 발생하게 되어 있다. 숯을 태울 때 재가 남는 것이나 마찬가지다. 사용후핵연료 처리시설이 없다는 것은 마치 아파트를 지으면서 화장실을 만들지 않는 것이나 다름없다는 표현도 있다. 그런데 사용후핵연료 관리 정책의 한계 조건은 매우 까다롭고 복잡하다. 수십만 년 장기 반감기의 고준위 방사능 원소들이 들어있는데, 그것을 저준위로 변환시키는 기술이 여지껏 없기 때문이다.

그렇게 보면 원전의 전 주기로 볼 때 기술적으로 미완未完인 셈이다. 현재로서는 사용후핵연료를 임시저장과 중간저장을 거친 뒤 땅속 깊이 500~1,000m 심지층에 격리시키는 것이 최종 처리다. 사용후핵연료를 핵폐기물로 볼 것이냐, 자원으로 볼 것이냐도 딜레마이다. 자원으로 보면 재처리를 해서 일부를 핵연료로 다시 사용할 수 있다. 그러나 이런저런 걸림돌이 많다. 사용후핵연료 관리는 한마디로 고난도 정책이다.

그러다 보니 원전 가동 31개국 대부분이 오랫동안 관망상태에 있었다. 하지만 이제 더 이상 미룰 수 없게 되었다. 그동안 조밀 저장, 부지 내 이송, 신규 원전으로의 이송 등으로 저장 수조의 포화 시점을 늦춰 왔지만 더 이상 미룰 수 없는 상태에 이르렀기 때문이다. 유럽연합이 2022년 최종적으로 원자력을 녹색분류체계에 포함시키면서 내건 조건에도 2050년까지 방사성 폐기물을 안전하게 처분할 수 있어야 한다는 항목이 들어갔다.

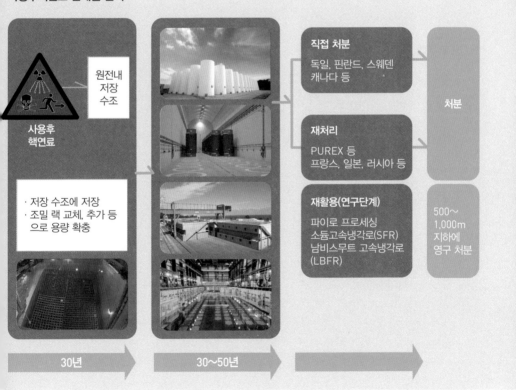

사용후핵연료 단계별 관리

사용후 핵연료 → 원전내 저장 수조

· 저장 수조에 저장
· 조밀 랙 교체, 추가 등으로 용량 확충

직접 처분
독일, 핀란드, 스웨덴 캐나다 등

재처리
PUREX 등
프랑스, 일본, 러시아 등

처분

재활용(연구단계)
파이로 프로세싱
소듐고속냉각로(SFR)
납비스무트 고속냉각로 (LBFR)

500~1,000m 지하에 영구 처분

30년   30~50년

사용후핵연료 재처리 쟁점

스웨덴의 한네스 알벤Hannes Alfvén(1970년 노벨 물리학상 수상)은 '평화를 위한 원자와 군사무기를 위한 원자는 샴쌍둥이'라고 말했다. 원자력 발전과 핵무기 기술의 뿌리가 같다는 뜻이다. 핵 확산의 우려가 있는 기술은 우라늄 농축과 사용후핵연료 재처리다. 우라늄 농축시설에서는 상업 발전용 핵연료와 핵무기 제조 원료의 두 가지를 다 만들 수 있다. 농축 정도만이 다를 뿐이다. 농축의 차이는 원전의 우라늄 핵연료는 우라늄-235가 3~5%이고, 핵무기 제조용은 우라늄-235가 90% 이상이다.

사용후핵연료 재처리는 사용후핵연료에서 플루토늄과 기타 핵분열 물질을 추출해 핵연료로 다시 쓰도록 하고, 고준위 방폐물 양을 일부 줄이는 화학적인 공정을 가리킨다. 재처리 시설에서는 핵무기 원료 등급보다 농축 정도는 낮으나 핵무기 제조에 쓸 수 있는 플루토늄이 생산된다. 따라서 핵 비확산의 국제기준에 걸린다. 원전 가동국 가운데 재처리가 허용된 국가는 프랑스, 인도, 러시아, 영국 등 핵무기 보유국이고, 1988년에 특이하게 일본이 합류했다.

현재 기술 수준으로는 사용후핵연료 재처리의 경제성과 기술적 완성도는 높지 않다. 그리고 양은 줄더라도 여전히 고준위 방사성 폐기물이 남기 때문에 심지층 처분을 해야 한다. 다시 말해서 재처리를 한다고 방폐물 저장과 처분이라는 난제가 근본적으로 해결되는 것은 아니다. 경제성 측면에서 볼 때 재처리는 핵연료를 한 번 쓰는 비순환 우라늄 핵연료 주기보다 떨어진다. 실제로 영국은 수익성 악화로 2017년부터 재처리를 중단했다.

미국은 1977년 카터 행정부 때 사용후핵연료 재처리 중단 정책으로 전환했다. 그리고 다른 국가가 재처리 시설을 건설하지 않도록 정치적 압력을 행사했다. 자국 내 민간부문의 사용후핵연료 재처리도 중단시켰다. 정책 전환의 근거는 두 가지였다. 첫째 재처리 비용이 핵연료를 한 번만 태우는 비순환 우라늄 핵연료주기 비용보다 더 많이 든다는 것, 둘째 처리기술의 확산으로 핵 확산을 유발할 위험이 있다는 것이었다.

상업적인 재처리 기술로 보편화된 퓨렉스Plutonium – URanium EXtraction의 경우, 플루토늄이 분리되기 때문에 핵 확산 규제에 걸린다. 사용후핵연료 재처리는 2008년 미국 대선에서 정치적 쟁점이 되었다. 대선 캠페인에서 공화당 후보인 존 매케인John McCain III은 사용후핵연료 재처리가 새로운 연료 공급원이 될 기회라고 주장했고, 민주당 후보인 오바마는 재처리 시설 건설에 찬성하지 않았다.

사용후핵연료의 재처리 기술로 기대를 모으는 것은 파이로 프로세싱이다. 이 공정은 사용후핵연료의 전기분해로 발생하는 세

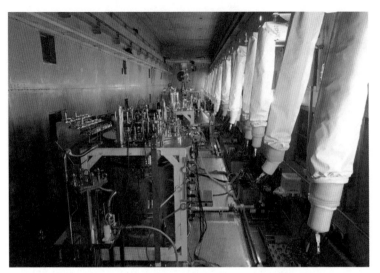

모의 핵연료를 이용해 파이로 프로세싱 공정을 실험해 볼 수 있는 프라이드(PRIDE) 시설 ⓒ한국원자력연구원

슘과 스트론튬 등 방사성 원소를 별도로 처리하고, 남은 플루토늄·아메리슘·퀴륨 등 우라늄보다 질량이 무거운 초우라늄 원소는 SFR에서 태워 재활용하는 방식이다. 한국의 과학기술정보통신부와 한국원자력연구원, 그리고 미국의 DOE와 아이다호국립 연구소·아르곤국립 연구소는 2011년 파이로 프로세싱 공동연구를 시작했다. 2015년에 서명한 한·미 원자력 협정 개정에서는 미국과 사용후핵연료 관리 연구개발 협력이 포함되었다.

파이로 프로세싱 연구개발은 40여 년 전에 시작되었으나 아직도 진행형이다. 실제로 소듐냉각고속로가 상용화되어야 활용할 수 있다. 경제성과 기술력을 갖춘 SFR이 상용화된다면, 핵분열성 물질(플루토늄, 퀴륨, 아메리슘)을 연료로 쓸 수 있어, 방사성 폐기물을 감량시킬 수 있다. 프랑스와 일본은 고속반응로의 상용화 연구개발을 해왔으나 난관에 부딪혔다.

일본의 몬주 고속증식로는 실용화 원형로의 설계, 건설, 가동으로 고속증식로의 성능과 신뢰성, 안전성, 경제성을 실증하기 위한 프로젝트였다. 그러나 1995년 나트륨 냉각재 누출로 화재 사고가 발생했다. 2007년 운전 재개를 위한 본체 공사가 완료되어 2010년 시험 운전을 재개했지만 곧바로 중계장치 낙하 사고가 나서 또 가동을 중단했다. 이후 2013년 일본 원자력규제 위원회는 무기한 운전 금지를 결정했다. 그리고 2016년 안전대책 비용 증가 등을 이유로 결국 폐로를 결정했다. 2047년까지 폐로 작업을 완료할 계획인데, 그동안 투입된 예산은 국비 1조 엔에 달한다.

한국의 사용후핵연료 관리 정책의 과제

우리나라의 사용후핵연료 최종 처분 정책은 1983년부터 9차례 추진해왔으나 우여곡절을 거치며 아직도 미해결이다. 1980년대 계획은 1990년대까지 중저준위와 고준위 방사성 폐기물 처분장을 둘 다 동일 부지에 건설하고, 사용후핵연료를 최종 처분한다는 내용이었다. 그러나 1987년부터 경북 지역 3개 후보지를 지역주민의 동의 없이 조사하다가 국회에 알려지면서 중단되었다. 이후 1990년 충남 안면도에 중간저장시설로서 원자력 제2 연구소 계획을 추진하다가 지역의 반대 운동으로 무산되었다. 다시 1995년 인천 굴업도 처분장 계획도 잇따라 백지화되었다.

2000년대 들어서는 국가 지정 방식 대신 지자체가 유치 신청을 하도록 절차를 바꾸었다. 2003년 '방사성 폐기물 처분장 선정사업' 과정에서는 전북 '부안 사태'에서 최고조로 갈등이 악화되었다. 지방자치단체장, 지역 의회, 지역 내의 이해관계가 서로 다른 주민 간의 갈등이 심화되었기 때문이다. 그러나 방사성 폐기물 처분장 유치에 대한 찬반 의견을 묻는 주민투표가 최초로 실시된 것은 참여적 거버넌스의 토대를 닦기 시작했다는 의미가 있다.

2004년 말 정부는 중·저준위 처분장과 고준위 방사성 폐기물 시설을 따로 건설한다고 발표한다. 우여곡절 끝에 중·저준위 처분장 부지를 선정하기까지에만 19년이 걸렸다. 시설 건설까지는 다시 10년이 더 걸렸다. 주민투표를 거쳐 경주에 들어선 중·저준위 처분장 시설을 둘러본 IAEA 전문가는 '사용후핵연료를 보관해도 괜찮을 정도'라고 말했다. 고준위 방폐물 처분 대책은 기약도 없이 밀렸다.

2010년대 이후 공론화 과정이 진행된다. 그러나 영구처분이 아닌 중간저장시설 부지를 찾는 것으로 범위가 제한된다. 2016년에는 고준위 방사성 폐기물 관리 기본계획(안)이 행정 예고된다. 이 기본계획은 1978년 고리 원전이 가동된 지 38년 만에, 고준위 방폐물 정책을 시도한 지 33년 만에 얻어진 결실이었다. 그러나 중장기 안전관리 기본계획의 로드맵일 뿐 구체적인 계획안은 아니었다.

기본계획은 12년간 부지 선정 등 안전관리 절차와 방식을 제시하고, 주요 시설은 경제성과 안전성을 고려해 동일 부지에 집적하되 국제공동저장·처분시설 확보 노력도 병행하는 것으로 짜여졌다. 부지 선정 기구는 고준위 방폐물 관리 절차에 관한 법률 제정으로 법적 근거를 마련하고, 재원은 방폐물 관리기금으로 확보하는 것으로 되었다.

그 골자는 2015년 사용후핵연료 공론화 위원회가 제안한 핵심

사항을 반영한 것이었다. 정부는 2016년 8월 '고준위 방사성 폐기물 관리절차에 관한 법률'을 입법 예고하고, 12월에 국회 해당 상임위에 상정했다. 그러나 정부가 바뀌자 2018년 5월에는 그 기본계획을 다시 공론화한다고 발표한다. 그리고 2021년 4월에 사용후핵연료 관리 정책 재검토 권고안이 정부에 제출된다.

고리 원전 가동 43년 만에 발표된 재검토 권고안의 내용은 이전 것과 근본적인 차이가 없다. 사용후핵연료 관리에 관한 특별법을 제정할 것, 관리 정책 추진과 총괄 기능을 하는 독립적 행정 위원회를 신설할 것, 중장기 기술 발전과 미래세대를 고려한 의사결정의 가역성, 회수 가능성 등 선진 원칙을 도입할 것 등이었다. 공론화 때마다 기본계획 수립의 시급성과 필요성은 인정했으나 시민참여 거버넌스가 미흡하다는 지적은 반복되고 있다. 임시저장 시설 확장에 대한 지역 반발 해소와 부지 선정의 구체적 계획이 없다는 지적도 똑같았다.

2022년 친원전 정책으로 전환한 시점에서 가장 시급한 과제는 '고준위 방사성폐기물 관리에 관한 특별법' 제정이다. 공론화 과정에서 제기된 주무 부처, 방폐물 관리시설의 정의와 유형, 방폐장 부지 선정 절차, 선정된 부지와 주변 지역에 대한 지원 체계 등에 대한 법적 근거가 마련되어야 다음 실행단계로 들어갈 수 있기 때문이다. 부지 선정의 합의 과정은 지난하리라 예상되고, 특별법 제정 과정에서도 기존 공론화 과정의 난맥상이 재연될 가능성이 크다.

정부는 2021년 12월 '제2차 고준위 방사성폐기물 관리 기본계

경주시 양북면 중저준위
방사성 폐기물 처분장에서
크레인을 이용해 폐기물이
담긴 처분용기를 사일로로
옮기는 작업을 하고 있다.
ⓒ한국원자력환경공단

획'을 확정했다. 이에 따르면 부지 선정 절차에 착수하고 20년 안에 중간저장시설을 확보하고 37년 이내에 영구처분시설을 마련하는 것으로 되어 있다. 계획대로면 2022년에 부지 선정에 착수해도 2060년에 운영이 시작된다. 부지 선정 과정에서는 지질조사 등 선결과제 해결에 장기간이 걸리는 영구처리보다는 월성 원전 사례처럼 중간저장 방향으로 진행될 가능성도 있다. 관련해서 원전 소재 지역사회의 반발도 예상된다. 해당 지역사회로서는 중간저장 기간이 계속 연장되어 사실상 영구처분 시설이 될 우려가 있다고 볼 것이기 때문이다. 그런 반발을 해소할 수 있는 대안을 마련하고, 사회적 합의를 도출해내는 것이 원전 산업의 지속을 위해 정부가 해결해야 할 난제이다. 그런데 그동안 영구처분 관련 연구개발이 미흡할뿐더러, 건설을 시작하더라도 공사 기간이 40년 이상 걸린다는 점을 고려하면, 대안 제시가 쉽지 않다. 최악의 경우에는 사용후핵연료 관리 정책의 차질로 인해 기존 원전의 계속운전조차 제한을 받게 될 가능성을 우려하지 않을 수 없다.

해외 사용후핵연료 관리 정책 사례

　원자력 논쟁은 가치價値에 민감하고 찬반 선호가 뚜렷하다. 그래서 한 쪽이 다른 쪽을 설득하기도 쉽지 않다. 뇌 과학 연구는 사람의 가치는 쉽사리 바뀌지 않는다고 밝히고 있다. 더욱이 정부와 정책에 대한 신뢰가 매우 중요한데, 신뢰가 없다 보니 더 어렵다. 고준위 방폐장 사업은 물리적 조건이 양호한 선진국에서도 심각한 갈등과 시행착오를 빚었고, 현재도 말끔히 풀리지 않는 난제이다.

　세계 최초로 고준위 방폐물 처분장을 건설한 국가는 원자로 4기를 가동하고 있는 핀란드이다. 핀란드는 1987년 제정한 원자력법을 1994년에 개정해서 '국내에서 발생한 모든 방폐물은 국내에서 처분해야 한다'는 법적 근거를 마련했다. 그리고 2000년에 올킬루오토를 사용후핵연료의 지하 저장시설 부지로 선정했다. 시설 명칭은 온칼로(동굴)로 지하 500m 정도이며 설계수명은 10만 년에 달한다. 2015년에 건축 허가를 받은 포시바사는 2016년에 공사를 시작했고, 2025년에 가동한다는 계획이다.

　세계에서 두 번째로 고준위 방폐물 처분장 건설에 착수한 나라는 스웨덴이다. 원전 부지는 스웨덴의 동부와 서부 지역에 분포되어 있고, 중저준위 방폐물 영구처분장은 스톡홀름에서 북쪽으로 150km 떨어진 곳에 위치한 포스마크에 있다. 고준위 방폐물은 스톡홀름 아래쪽의 오스카샴에 중간저장한다. 2009년 고준위 영구처분장은 포스마크로 선정되었다. 즉 사용후핵연료를 모아 오스카샴에 중간저장했다가 배를 타고 3시간 걸려 최종처분장인 포스마크로 수송하도록 결정된 것이다.

스웨덴의 방폐장 프로젝트도 시행착오의 산물이었다. 1977년 법률을 제정하고 처분장 선정을 시작한 후, 1985년 중간저장시설은 오스카샴에 건설하기 시작했다. 포스마크 중저준위 처분장 건설은 1988년에 결정했다. 고준위 방폐물 처분장은 1980~1985년 후보지역 선정에서 지역사회의 강한 반발에 부딪혀 1986년 환경부가 원점에서 재선정 과정을 거쳤다. 우여곡절 끝에 2009년 인구 수백 명의 포스마크가 고준위 방폐물 최종처분장 부지로 결정된 것이다.

스웨덴 포스마크 방폐장

필자는 현지 시찰을 간 적이 있었다. 사업자인 SKB 측은 20여 년간의 부지 선정 과정에서 무려 1만 1,000번 넘게 지역주민을 만났다고 했다.

원전에 비우호적인 쪽을 브레이크, 찬성 쪽은 액셀이라고 보고, '브레이크 없는 자동차가 어디 있는가'라는 자세로 반대 목소리를 경청했다는 것이다. 그리고 상대방을 설득의 대상으로 본 것이 아니라 최종 결정을 주민의 손에 맡긴다는 자세로 일했다고 했다.

미국도 방폐물 관리 정책에서 난관을 겪고 있다. 오바마 대통령은 모처럼 결정된 유카 마운틴 최종처분장 관련 예산을 전액 삭감했다. 블루리본 위원회가 재검토한 2013년 최종보고서는 '사용후핵연료를 중간저장하고, 동시에 이송계획을 철저히 세우라'고 권고했다. 원전 최대 국가인 미국은 아직도 사용후핵연료를 원전 부지 내에서 두 가지 형태로 관리하고 있다. 부지 내 임시저장 수조 저장과 건식 중간저장의 라이선스가 그것이다. 그런데 부지 내 저장용량이 다 차고 있어 부지 외 중간저장시설 건설이 다급해졌다.

독일도 시행착오를 빚었다. 공론화 과정 없이 1979년 고어레벤에 고준위 방폐물 최종처분장을 건설하려고 부지 조사에 들어갔다가 지역주민과 환경단체의 격렬한 반발로 중단되었다. 이후 1999년에 원점에서 재검토하는 과정을 밟았다. 그러나 부지 외 집중식 저장시설 설치 추진은 사용후핵연료 수송의 난관에 부딪혀 중단되었다. 그 결과 부지 내에 그대로 저장하는 두 가지 형태를 병행하고 있다.

일본의 방폐물 관리도 순조롭지 않았다. 중저준위 방폐물 영구처분장은 1992년부터 로카쇼무라 시설(120만 평)에 들어섰다. 핀란드, 스웨덴, 독일, 미국과는 달리 일본은 사용후핵연료를 재처리하는 국가이다. 그러나 2012년부터 로카쇼무라 재처리 시설 가동 계획에 차질이 빚어지면서, 사용후핵연료 중간저장 시설 설치가 시급한 과제가 되었다.

일본 정부는 고준위 방폐물의 영구처분 시설을 유치하는 지방자치단체에 해마다 보조금(20억 엔까지)을 지급하는 인센티브 제도를 마련했으나, 후보 지역의 반대로 신청이 취소되었다. 이후 중간저장시설 부지 선정을 추진해 로카쇼무라 재처리 시설에서 50km 떨어진 무쯔시에 50년 기한으로 건설하기로 결정된다. 시설 유치 과정에서 무쯔 시장은 '세계적인 해양 연구도시로 도약한다'는 비전 제시로 지역사회의 수용성을 확보할 수 있었다.

원자력처럼 사회적 갈등이 심한 사업 추진에서는 특히 국회의 법률 제정과 개정이 중요하다. 장기간에 걸친 사업의 일관성과 체계성을 갖추기 위한 법적 근거가 있어야 하기 때문이다. 그렇다고 법적 기초만으로 해결되는 것은 전혀 아니다. 원자력 소통과 거버넌스가 성공적으로 작동되어야 한다. 사용후핵연료 관리방안 도출에서 거버넌스의 모범사례는 시사적이다.

1997년부터 진행된 스웨덴의 RISCOM Risk Communication 모델을 보자. 그 기본 원칙은 진실성, 합법성, 확실성이다. 진실성은 '기술적·과학적 요소를 바르게 적용시키고 있는가?', 합법성은 '사회적으로 옳은 일을 하고 있는가?', 확실성은 '조직적으로 성실하게 일을 수행하고 있는가?'이다. 이들 세 요소를 아우르는 효율성, 투명성, 대중 참여의 프로세스 확립이 성공의 열쇠이다.

원자력 리스크 소통의 첫 단계는 원자력계의 '기술적 안전성'에 대한 인식과 일반 국민의 '인지적認知的 안전성' 사이에 차이가 있다는 것을 인정하는 것이다. 원전 시설의 지역주민은 원자력의 기술 위험을 자발적으로 선택한 것이 아니라 공공 이익을 위해 어쩔 수 없이 선택한 것임을 받아들여야 한다. 개인의 능력으로 통제할 수 없는 기술 위험이기 때문에 지역사회는 안전 규제와 행정에 대해서도 불안과 불신을 갖기 쉽다.

커뮤니케이션과 원전 정책에서는 신뢰가 알파이자 오메가이다. 신뢰는 일단 잃고 나면 회복하기가 매우 어렵다. 신뢰 구축의 요건은 관계 형성에서 상대방이 만족할만하게 행동하고, 일관성 있고 예상이 가능한 언행을 해야 하며, 솔직하고 투명하게 의사소통을 해야 한다. 또 다른 사람들을 배려하고, 합작의 성과와 목표를 창출해야 하며, 공유된 가치를 만들어내야 한다.

신뢰를 기반으로 이해당사자들이 공동체 의식으로 서로의 차이를 이해하고 인정할 때 사회적 협상력이 발휘되고, 합의 도출의 실마리를 찾을 수 있다. 그리고 시스템의 운영의 묘가 중요하다. 진짜 소통과 공론화는 이해당사자들이 다양한 관점과 이해, 가치를 공유할 수 있을 때 가능하다. 정부는 각 주체별 '부분'의 관점을 통합하여 국가 '전체' 차원의 시각에서 통합조정 기능을 할 수 있어야 한다.

탄소중립 실현과 재생 에너지

아득한 옛날부터 에너지는 문명의 근간이었다. 기원전 3세기 시라쿠사의 아르키메데스Archimedes는 햇빛 에너지를 집광한 '거울광선 무기'를 만들어 로마 군함을 불태웠다. 2005년 미국 MIT의 교수와 학생들은 이 장면을 재현해냈다. 제2차 세계대전 때 독일의 히틀러는 석탄을 액화시켜 가솔린을 만들게 했다. 독일의 국민 차 '딱정벌레(1938년 첫 생산된 폭스바겐)'는 초기에는 석탄에서 뽑아낸 가솔린으로 달렸다. 1945년 독일 패전 후, 미국은 베를린에서 50만 장에 달하는 석탄 액화공정 기밀문서를 가져갔다. 그 후 1970년대 에너지 위기 때 이 문서를 공개하고 본격 연구를 했다. 품질이 낮은 석탄에서 합성석유를 뽑아내고, 그 과정에서 발생하는 가스를 재활용하는 청정 신기술이 그것이다.

풍력은 유럽의 11세기 동력 기술혁명의 주역이었다. 중세까지 인류문명은 나무를 땔감으로 사용했다. 삼림이 고갈되자, 영국 사람들은 해변에 뒹굴던 석탄을 태우기 시작했다. 그러나 그것도 고갈되자, 석탄 광맥을 찾아 땅속 깊이 들어갔다. 지하 갱도에 고인 물을 퍼내기 위해 펌프를 이용했다. 그리하여 석탄은 18세기 제1차 산업혁명의 에너지원이 되었다. 19세기 후반에는 석유자원 탐사로 화석연료 시대가 열리고, 석유는 제2차 산업혁명의 공신功臣이 되었다. 에너지 기술의 진화에서 석탄과 석유는 두 차례 산업혁명을 가능케 한 원동력이었다. 그러나 시대가 변해 이제는 둘 다 퇴출 대상이 된 것이다.

현대의 태양 에너지는 백 년 전에 실용화될 뻔했다. 1878년 파리 박람회에서 오거스트 무쇼August Mouchot는 태양열을 집열해 기계 에너지로 전환한 뒤 아이스크림을 만들어 관객들에게 나눠 주는 이벤트를 벌였다. 미국인 프랭크 슈만Frank Shuman은 안전유리 개발로 부자가 된 뒤, 1913년 나일강 유역에 태양열 발전소를 세웠다. 그의 꿈은 석탄보다 값싼 에너지로 관개수로를 건설해 사하라 사막을 경작지로 만드는 것이었다. 그러나 그의 환상적인 프로젝트는 때마침 대규모 유전의 개발로 값싼 석유시대가 열리면서 무산되고 말았다. 1914년 제1차 세계대전이 터지자 태양 에너지는 무기 개발에 이용된다.

21세기 그린 에너지로의 문명사적 대전환에서 주역으로 등장한 것은 재생 에너지다. 그동안 재생 에너지의 기술 개발과 보급은 보조금 등의 정책 지원과 기술혁신 속도, 화석연료 가격과 밀접한 상관관계를 보이며 정체를 겪었다. 그러나 최근에는 경제성과 기술력이 획기적으로 향상되어 세계적으로 급성장세를 보이고 있다. 다만 국가와 지역에 따라 재생 에너지 자원 보유와 기술력, 인프라 구축, 자본 투입 등에서 차이가 크다. 따라서 일률적으로 재생 에너지가 모든 국가의 주된 에너지원이 되어야 한다고 말하기는 어렵다.

에너지는 어느 것도 이상적인 것은 없고 서로 강점과 약점이 다를 뿐이다. 예를 들어 발전 과정에서의 이산화탄소 배출로 인한 온실효과는 원자력이 풍력과 비슷하게 가장 낮다. 반면 화석연료 중 석탄은 온실효과가 가장 높고 천연가스가 상대적으로 낮은 편이다. 우리나라는 2019년 발전량 중 재생 에너지 비중이 5.4%였고, 그중 태양광과 풍력은 고작 2.6%였다. 3차 에너지 기본계획 목표는 2040년 신재생 에너지 비중이 30~35%로 되어 있다. 오랫동안 재생 에너지 정책이 실효를 거두지 못했으므로 확대하는 것이 맞다. 그러나 어떤 방식으로 어떻게 확대하느냐가 중요하다.

재생 에너지는 이론적으로 자원이 무제한이라는 점이 강점이다. 그러나 해가 지면 태양광 발전은 멈춰서고, 바람이 불지 않으면 풍력 발전은 멈춘다. 태양광 발전의 경우에는 1년 8,760시간 중 4,000시간 정도 발전이 일어난다. 재생 에너지의 이런 간헐성間歇性 때문에 전기를 안정적으로 공급하려면 별도로 부하 조절용 화력발전 설비를 이중으로 갖춰야 한다. 재생 에너지 발전이라고 하더라도 그 장비 생산과 설치에는 화석연료가 필요하다. 재생 에너지의 비중을 높이면 높일수록 기저 부하를 담당할 발전원은 줄어들게 되므로 에너지 공급의 안정성이 위협을 받는다.

전기를 쓰지 않는 시간대에 생산된 전기 에너지는 에너지 저장

시스템ESS 시설에 저장해야 한다. 따라서 넓은 부지와 막대한 투자가 필요하다. 현재 2050 탄소중립 시나리오대로라면, 한국은 ESS 설치에만 여의도의 48~76배만큼의 저장장치 부지를 마련해야 한다. 탄소중립 위원회의 비공식 계산치로는 설치비용이 787~1,248조 원으로 추정된다. 그런데 현재 시나리오에는 비용 계산이 포함되지 않아 전망치의 현실성이 떨어진다는 지적이다.

대부분 재생 에너지 발전은 대도시에서 멀리 떨어진 곳에서 일어나므로 송전 시스템 구축에 막대한 비용이 든다. 최근 재생 에너지 비중이 증가한 독일의 경우, 재생 에너지 전력생산 비용은 우리나라와 비슷하지만, 송전 전력망 비용이 전력생산 비용보다 많

독일 남부 프랑스 접경지역인 프라이부르크시 보봉(Vauban)마을, 플러스에너지 하우스는 패시브하우스에 지붕 형태 태양광 설비를 설치한 공동주택이다. 패시브하우스는 3중 창호나 단열재 등을 사용해 건물의 열 누출을 막아 에너지 소비를 줄이는 주택으로, 여기에 태양광 설비를 설치해 에너지 소비를 줄이고 필요한 전력은 직접 생산하여 사용한다.

고, 보조금과 세금이 높아서 우리 전기요금의 3.5배이다. 독일 북부는 재생 에너지 자원이 풍부한데 송전 거리가 멀어서 계통 운영 비용이 많이 들고, 지역사회 반발로 사업이 정체되기도 한다. 실제로 재생 에너지 비중이 높아질수록 백업 시스템 비용은 올라간다.

에너지 믹스mix에서 한국의 신재생 에너지 비중이 최근 늘어나고는 있으나 여전히 저조하다. 구성비는 주로 폐기물이고, 다음이 바이오, 태양광 순으로 신기술의 비중이 미미하다. 지역별로도 편중돼 있어 전남, 경북, 충남 지역의 재생 에너지 보급량이 전국의 50%를 차지하고 있다. 국내 사정과 달리, 독일은 재생 에너지 연구 개발 능력과 기술 자립도가 높고, 기술표준도 선점하고 있다. 선진국 중심으로 재생가능 에너지 산업이 유력한 대안으로 부상하고 있으나, 경제성, 기술력, 인프라에서 아직은 한계가 있다. 따라서 재생 에너지 자원이 부족한 국가로서는 과도기적인 안정된 에너지의 선택이 중요하다.

한국, 원자력 없이
탄소중립 가능한가

한국의 에너지 해외 의존도는 2020년 기준 93%로 세계 5위의 원유 수입국이다. OECD 회원국 중 경제 규모 대비 원유 소비량이 가장 높다. 이런 상황에서 오랫동안 국가 에너지 효율이 낮아 일본의 3분의 1 수준이었다. 아쉽게도 에너지 수요관리 정책은 오랫동안 이렇다 할 성과를 거두지 못했다. 전국의 송배전망 증설은 난관에 부딪히고 있다. 에너지 요금체계 개선 조치는 기대를 밑돌고 있다. 국제적으로 2016년 파리협정 발효로 온실가스 감축 목표를 달성해야 하는 의무를 지게 되었다. 그러나 현재 상태로는 지난 정부가 공표한 2030년 40% 감축이 실현되리라고 보는 전문가는 거의 없다. 우선 재생 에너지 자원 자체가 풍부하지 않기 때문이다.

에너지 환경은 국가마다 다르다. 무엇보다도 모든 에너지원은 예외 없이 강점과 약점이 있다. 그 어느 것도 이상적인 에너지는 없다. 한국은 우선 재생 에너지 자원이 풍부하지가 않다. 국토 면적이 좁아 인구밀도는 OECD 38개국 중 최고이다. 게다가 국토의 산림 비율이 65%라서 경작지 대비 인구밀도는 세계 최고 수준이다. 미국과 비교하면 28배이다. 높은 인구밀도는 재생 에너지 이용에서 불리한 조건이다. 예컨대 태양광 패널과 풍력 발전기로 국토와 해안을 뒤덮다시피 하더라도 현재 발전량의 60%를 차지하는 석탄과 천연가스 발전을 대체할 수가 없는 것이 현실이다.

기후위기 시대 국제사회의 온실가스 감축에 참여하는 것은 지극히 마땅한 일이다. 그런데 한국의 탄소중립 시나리오 설계와 실행은 선진국에 비해 훨씬 더 어렵다. 선진국들은 이미 탄소 배출의 정점을 찍은 지 오래되어 배출 추이가 감소세를 보이는 상태에서 줄이는 것인 데 비해, 한국은 정점이 도달하지 않은 상태에서 급격한 기울기로 감축해야 하기 때문이다. 2020년에 정점을 찍은 것 같지만, 이는 코로나 팬데믹 요인에 기인한 것으로 정상 궤도로 보기 어렵다. 미국의 경우 탄소 배출의 정점은 이미 2007년에 찍었다.

탈탄소 정책에서 액화천연가스LNG는 전력수요 급변에 신속히 대처하는 최선의 대안으로 받아들여지는 경향이다. 그러나 천연가스 발전은 킬로와트시KWh당 탄소 배출량이 석탄 발전의 55%이다. 따라서 우리나라 전력 공급의 37%를 차지하는 석탄 발전을 LNG 발전으로 대체하는 것으로 탄소중립을 해결할 수는 없다. 게다가 우리나라가 수입하는 천연가스 가격은 생산국에 비해 훨씬 비싸다. 액화시켜 수송해야 하고 LNG 발전 관련 기술도 자체 경쟁력이 떨어지기 때문이다.

넷제로 달성에서 에너지 기술 수준도 주요 변수이다. 현재로는 재생 에너지 기술 수준도 선도국과는 격차가 있다. 태양광의 기술 격차는 작은 편이나, 풍력과 수소·연료전지 기술은 격차가 상당하다. 풍력 기술 수준은 EU(100)를 선두로 미국(92), 중국(80), 일본(77), 한국(75)이 뒤를 잇고 있다. 한국의 수소·연료전지 기술 수준(75)은 최고인 일본에 비해 격차가 크다.

이산화탄소 포집 저장 기술은 앞의 5개국 가운데 최하위이다. 유일하게 경쟁력을 갖춘 기술이 이차전지로서, 한국이 최고(96)로 미국(83), 중국(83), EU(75)보다 앞서 있다. 그러나 이 부문에서도 생산기술은 선두주자이지만 기초 원천기술은 미흡하다는 평가이다. 이런 상황에서 2021년 탄소중립 위원회는 2050년 재생 에너지 비율 목표를 70.8%로 설정한 시나리오를 발표했다.

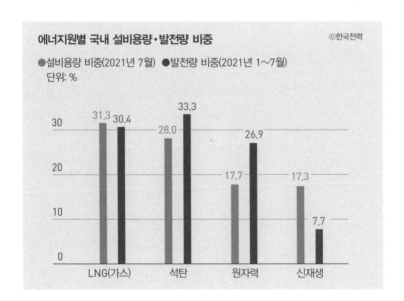

에너지원별 국내 설비용량·발전량 비중 ©한국전력
●설비용량 비중(2021년 7월) ●발전량 비중(2021년 1~7월)
단위: %

LNG(가스): 31.3, 30.4
석탄: 28.0, 33.3
원자력: 17.7, 26.9
신재생: 17.3, 7.7

21세기 저탄소 녹색 에너지의 새로운 체계가 구축되기까지 얼마나 오래 걸릴까. 그때까지 현존 산업구조와 도시 인프라를 지탱할 수 있으려면 한국과 같은 여건에서는 탄소중립 달성 수단으로 현존하는 탈탄소 에너지 기술인 원자력을 경시할 수가 없다. 원자력이 이상적인 에너지라서가 아니다. 에너지 안보가 매우 취약한 국가로서 상용화되지 않은 미래 기술로 탄소중립을 실현하는 것이 힘들기 때문이다. 에너지 자원은 없지만 세계적인 에너지 기술을 확보한 발전원이 원자력이다. 한국으로서는 원자력 산업과 인력의 인프라를 살려서 차세대 원자력 기술 등 미완성의 과제를 해결하도록 할 수밖에 없다. 물론 재생 에너지도 늘려야 한다.

합리적 에너지 믹스 설계

지구상 200개국에 달하는 국가가 에너지 믹스를 설계하는 데에는 기술·제도·인프라 등 변수가 많고 역량에서 격차가 매우 크다. 대체 에너지원의 개발 보급은 유가 변동, 시장의 신뢰와 직결된다. 한국 정부는 2030년 전력 에너지 신산업의 주요 동인으로 전기차, ESS, 마이크로그리드 기술 개발과 보급을 강조하고 있으나, 인프라 구축 등 한계가 만만치 않다.

에너지 빈국이자 에너지 환경이 섬나라인 한국은 원전을 축소하거나 확대 정책을 폐기하는 경우 에너지 대안이 마땅치 않다. 그동안 에너지 정책의 가장 큰 문제점은 에너지 효율을 높이는 데 실패했다는 것이다. 에너지원 단위 낮추기가 공허한 구호로 그치는 한에서는 원전 의존도를 낮출 수 있는 길이 보이지 않는다.

한국은 기후변화 대응에 대한 국제적 압력과 에너지 자원의 '무기화' 현상에 대비할 필요성이 그 어느 나라보다도 절실하다. 따라서 국가 에너지 안보 차원의 압력을 해소할 수 있는 합리적 에너지 믹스의 설계가 매우 중요하다. 21세기 에너지 체계 확립을 위한 기술혁신과 인프라 확충도 필요하다. 따라서 원자력을 에너지 설계에 포함시키되 원전의 이용에 내재하고 있는 위험성을 극소화하고 원자력 찬반을 둘러싼 사회적 갈등을 극복할 수 있어야 한다.

에너지 정책은 상호의존적인 여러 변수의 고차 방정식을 풀어야 하는 난제이다. 국가 에너지 이용의 효율을 극대화할 수 있는 경제 체제와 사회적 인프라로의 전환은 단기간에 실현되기가 어렵다. 따라서 원자력의 이용은 불가피하다. 미국과 유럽의 주요국도 안정적인 전력 공급을 위한 현실적 대안으로 원자력 에너지를 택하고 있다. 기후변화 대응에서 온실가스 감축에 기여하는 에너지원이라고 보기 때문이다.

앞에서도 강조한 것처럼, 원전 운영은 현실적으로 여러 가지 난제를 안고 있다. 원전 건설 비용은 안전성 강화 등의 요인으로 계속 높아졌다. 폐로 등의 비용이 추가될 것이므로 원전 전반의 경제성 악화와 불확실성이 갈수록 더 걸림돌이 될 것이다. 세계적으로 원전의 경제성 평가는 나라마다 시기에 따라 상당히 차이가 난다. 원자력 발전 비용은 발전소 건설비, 운용과 유지 보수비, 연료 비용, 폐로와 폐기물 처리 등의 비용을 모두 포함한다. 특히 원전에 대한 잠재적 공격에 대비한 경비, 게이트와 방화벽 설치비용도 추가되고, 사고에 대비한 배상책임 보험도 가중되고 있다.

전력원에서 천연가스 등 다른 발전원과 원전 비용을 비교하는 일은 단순하지 않다. 발전 단가와 비축 효과에서, 화석연료에 비교하는 경우에는 이론적으로 원자력은 경제성이 앞선 것으로 평가

된다. 1g의 우라늄-235이 완전히 핵분열을 일으킬 때의 에너지는 석유 9드럼 또는 석탄 3t과 맞먹는다. 석탄과 LNG의 비축일은 약 20일인 데 비해 우라늄은 2년 이상이다. 원전 시설은 일단 건설되고 나면 1~2년에 한 번씩 연료를 교환하고, 시설 수명이 40~60년이다. 1950년대 미국이 원자력 발전을 허가하기 시작하던 때의 원전의 운영 허가 기간은 40년이고, 절차를 거쳐 20년까지 운영 연장 허가를 받을 수 있었다. 그러나 개량형이 개발되면서 60년 이상으로 시설 수명이 늘어났다.

원전과 다른 에너지원은 운영상 특성이 다르다. 원전은 건설 기간이 길고 자본 투입은 매우 크지만, 십여 년이 지나 장기간이 될수록 수익이 높아진다. 연료 비용은 상대적으로 낮다. 한편 천연가스 발전소는 원전 대비 공사 기간이 짧고 자본 투입이 적은 반면, 장기 수익은 떨어지고 연료비용이 비싸며 가격 변동 폭이 크다. 그러나 원전의 보급에는 사회적 수용성, 경제성, 기술력, 재정 능력, 다른 에너지원의 개발과 보급 수준, 경제성장 속도, 전문 인력과 부품 공급 등 변수가 많다. 무엇보다도 사용후핵연료 관리와 최종 처분 등 핵연료 후행주기 관리능력과 비용이 관건이다.

후쿠시마 사고로 원전 부지 인근의 지진 발생과 인구밀도 분포에 대한 관심이 커졌다. 세계 원전 분포지역 주변의 지진 발생 기록과 원전 부지 인근의 인구밀도 정보가 주목을 받았다. 한국의 경우에는 원전 반대 측에서 부지 인근의 높은 인구밀도를 반대 이유로 들었다. 경작지 대비 인구밀도가 가장 높은 국가에 속하는 우리

에너지 안보 강화와 기후변화 대응을 위해 원전 활용을 제고하고 합리적 재생 에너지 보급에 기반한 에너지 믹스를 재정립해야 할 것이다.

나라는 그 때문에 원전을 택한 측면도 있지만, 동시에 원자력 관련 시설의 부지 선정에서 사회적 수용성 확보에 어려움을 겪고 있다.

원자력 산업의 활성화를 위해서는 전문 인력의 충원과 원전 생태계의 복구가 필요하다. 특히 선진국 민영화 체제의 경우에는 민간 사업자의 부담이 커지는 데 대한 정부 보증이 필요하다. 원전 운영에서의 사소한 사고도 안정성 논란으로 비화되면서 사회적으로 부정적 여론을 촉발하므로 철저한 안전관리가 생명이다. 시설 수명이 연장된 원전에서의 가동 중단 사건은 국민 불안과 불신을 키우게 되므로 각별히 유의해야 한다. 앞으로 재생 에너지의 경제성이 높아지는 것과는 반대로 원전 산업의 경제성 하락이 현실적 장애요인이 될 가능성도 있다.

원전 내 저장 수조가 포화되고 있는 사용후핵연료의 관리 정책도 더 이상 미룰 수가 없다. 시설 수명을 다해 가고 있는 기존 원전의 운영 여부를 결정하는 일도 사회적 수용성을 기반으로 합리적으로 처리해야 한다. 차세대 원자로 관련 한미 협력을 공고히 하고, 동북아 원전 밀집 지역에서의 안전관리에 대한 협력을 이끌어 내는 외교 역량도 중요하다. 이들 지난한 정책을 구현하기 위해서는 정부의 리더십과 원자력계의 역량 발휘가 열쇠이다. 발상의 전환과 실천의 지혜, 거버넌스 리더십이 어느 때보다도 절실한 때이다.

꼭꼭 씹어 생각 정리하기

1. 국내외 원전 산업의 당면과제는 무엇일까요?

2. 사용후핵연료 관리 정책의 해외 성공사례를 생각해 보세요.

3. 한국 원자력 산업 발전을 위한 추진과제와 전망은 무엇일까요?

4. 원자력을 포함한 에너지 믹스 설계는 어떻게 해야 할까요?

맺음말

원자력 발전의 역사에서 한국은 원전 선진국과는 상당히 다른 경로를 밟았다. 1978년 고리 1호 원전 가동을 시작으로 에너지 다변화 전략으로 추진된 원전 확대 정책은 1986년 체르노빌 사고로 인한 세계적 원전 침체와는 무관하게 거침없이 전개되었다. 1986년에 석탄을 앞지른 원전 비중은 1987년에는 50% 이상으로 올랐다. 원자력 덕분에 값싼 전기요금이 산업과 경제 발전을 견인하면서 1990년대 원전 비중은 40% 수준이었다. 현재는 30% 정도로 발전량 기준 세계 5위이다. 그동안 원자력 기술 자립도는 선진국 수준으로 올라서, 에너지 부존자원은 없지만 원자력 기술경쟁력을 갖춘 국가가 되었다.

우리나라는 에너지 안보의 심각성 때문에 원자력을 경시할 처지가 못 된다. 그렇다면 원자력 발전에 대한 부정적, 긍정적 측면에 대해 균형 있게 살피고 사회적 합의를 통해 원자력을 포함하는 에너지 믹스를 도출할 수밖에 없다. 이를 위해서는 원전을 둘러싼 당면 과제 해결이 중요하다. 투명하고 객관적인 절차로 원전 정책에 대한 사회적 공감대를 조성하고, 안전 규제를 철저히 이행

할 수 있다는 신뢰 구축이 선행되어야 한다. 근본적으로 에너지원별 LCA_{Life Cycle Assessment}에 의해 경제성, 안전성, 효율성, 환경성, 사회적 수용성, 지속가능성 등에 대한 과학적 근거를 제시하는 것이 정공법이라 할 것이다.

원자력 발전에서는 고준위 방사성 폐기물인 사용후핵연료의 관리와 처리가 가장 난제이다. 따라서 후행 주기로 진입할수록 인구밀도가 높은 국가는 지역사회 수용성이 걸림돌이 될 가능성이 커진다. 사용후핵연료의 중간저장을 원전 부지 외에 중앙집중식으로 하는 경우에는 부지 선정에서 시설 수명을 제시하라는 요구에 직면하게 된다. 그리고 최종처분장은 부지를 별도로 선정해야 한다.

만일 한국이 언젠가 재처리를 해야 된다고 가정하면, 다시 재처리 공장부지를 찾는 과정을 거쳐야 한다. 재처리에서도 고준위 방사성 폐기물은 남게 되므로 최종처분장 부지가 필요하다. 부지를 선정한다고 하더라도 여기저기 분산되는 경우에는 수송에 어려움을 겪게 된다. 장기적으로 국토가 좁고 인구밀도가 높은 조건에서는 원전 산업의 지속가능성이 훼손될 확률이 커진다.

반원전 정책을 친원전 정책으로 전환하려면 원전 산업 생태계 복원에 시간이 걸리고 막대한 재원이 소요된다. 신규 원전 건설과 설계수명을 다한 원전의 계속운전 여부, 사용후핵연료 중간관리 방안 결정, 최종처분장 부지 선정, 신기술 개발, 해외 수출시장 개척 등 어느 것 하나 만만한 게 없다. 기존 원전의 설계수명 연장도 간단치 않다. 수명 연장을 위한 철저한 기준을 맞추는 것도 매우 어려운 과정이고, 안전성을 둘러싼 지역사회의 논란도 각오해야 한다.

원자력 산업의 천적天敵은 사고이고, 원자력계의 사명은 안전이다. "어느 한 곳의 원자력 시설에서 사고가 난다는 것은 모든 원자력 시설에서 사고가 난 것과 마찬가지"라는 말처럼 세계 원자력 산업은 같은 배를 탄 공동운명체이다. 일단 어디서든 대형사고가 발생하면 배가 난파하는 것과 마찬가지다.

결론적으로 잠재적 사고에 따르는 방사능에 대한 공포와 사용후핵연료 최종 처리기술의 미완성이라는 한계에도 불구하고, 원자력은 탄소중립 시대를 이끌어갈 현존하는 검증된 고밀도 에너지 기술이다. 정책 전환을 한 한국의 신정부는 전문적 판단과 사회적 여론을 조율해 합리적 에너지 믹스를 설계할 책무가 막중하다. 공론화에만 십여 년을 보낸 사용후핵연료 관리방안도 더 이상 미룰 수가 없다. 원전 해외시장 진출도 고도의 전략적 접근이 필요하다. 이래저래 한국의 사회적 협상력과 정부의 원자력 거버넌스가 그 어느 때보다도 중요한 시점이다. 한국전쟁의 폐허를 딛고 경이로운 발전을 기록하며 선진국에 진입한 대한민국이 이러한 문제들을 해결하지 못할 이유는 없다.